Die polizeilichen und steuerrechtlichen
Bestimmungen für Kraftfahrer

mit besonderer Berücksichtigung der bayerischen
Verhältnisse zusammengestellt,

mit Einleitung und Sachregister versehen

von

Dr. F. Engelhart.

München 1906.
J. Schweitzer Verlag (Arthur Sellier).

Einleitung.

Die Gesetzgebung des Jahres 1906 hat den Verkehr mit Kraftfahrzeugen in dreifacher Hinsicht bedacht:

1. Für die verkehrspolizeiliche Regelung wurden im Bundesrate zwischen sämtlichen deutschen Staaten Grundsätze nebst Erläuterungen vereinbart. Entsprechend dieser Vereinbarung ergingen in Bayern die oberpolizeilichen Vorschriften des Kgl. Staatsministeriums des Innern vom 17. September 1906 (Gesetz- und Verordnungsblatt S. 729) und die Vollzugs-Bekanntmachung der K. Staatsministerien des Innern und der Finanzen vom gleichen Tage (Gesetz- und Verordnungsblatt S. 748).

2. In steuerrechtlicher Hinsicht wurde der Betrieb von Kraftfahrzeugen dem Reichsstempelgesetz vom 3. Juni 1906 (Reichsgesetzblatt S. 710) unterworfen, wozu vom Bundesrat Ausführungs-Bestimmungen (abgedruckt im Gesetz- und Verordnungsblatt S. 344) erlassen wurden und in Bayern unterm 4. Juli 1906 eine Vollzugs-Verordnung (Gesetz- und Verordnungsblatt S. 227), dann unterm 3. August 1906 eine Vollzugs-Bekanntmachung der zuständigen Ministerien (Gesetz- und Verordnungsblatt S. 467) erging.

3. Auch ein Gesetzentwurf zivilrechtlichen Inhalts wurde geschaffen, betreffend die Haftpflicht für die beim Betriebe von Kraftfahrzeugen verursachten Schäden. Dieser Entwurf liegt aber noch dem Reichstage vor, und es sind die Beratungen der hiezu eingesetzten Kommission noch nicht abgeschlossen.

Die gegenwärtige Ausgabe enthält unter A die oberpolizeilichen Vorschriften vom 17. September 1906, unter B einen Auszug aus dem Reichsstempelgesetz vom 3. Juni 1906. Die betreffenden Einführungs- und Ausführungsbestimmungen sind den einschlägigen Paragraphen der beiden Erlasse in kleinem Drucke beigefügt.

A.

Oberpolizeiliche Vorschriften über den Verkehr mit Kraftfahrzeugen

vom 17. September 1906

mit den Bestimmungen der Vollzugs-Bekanntmachung vom gleichen Tage.

K. Staatsministerium des Innern.

Auf Grund des § 366 Nr. 10 des Strafgesetzbuchs für das Deutsche Reich und des Art. 2 Ziff. 6 des Polizeistrafgesetzbuchs für das Königreich Bayern werden folgende Vorschriften, und zwar §§ 1—30 gemäß einer zwischen den Bundesregierungen getroffenen Vereinbarung, §§ 24 und 25 im Einverständnisse mit dem K. Staatsministerium der Finanzen, für den nicht an Bahngleise gebundenen Verkehr der durch elementare Triebkraft bewegten Fahrzeuge — Kraftwagen und Krafträder [1]) — auf öffentlichen Wegen und Plätzen erlassen:

A. Allgemeine Vorschriften.

§ 1.

Für den Verkehr mit Kraftfahrzeugen gelten sinngemäß die den Verkehr von Fuhrwerken oder von Fahrrädern auf öffentlichen Wegen und Plätzen regelnden polizeilichen Vorschriften, sofern nicht nachfolgend andere Bestimmungen getroffen werden.

Auf Kraftfahrzeuge, welche für den öffentlichen Fuhrbetrieb verwendet werden, sowie auf die Führer dieser

---

[1]) Vollzugs-Bekanntmachung vom 17. September 1906: Ob ein Kraftfahrzeug als Kraftwagen oder als Kraftrad anzusehen ist, ist Frage der tatsächlichen Feststellung im einzelnen Falle.

Fahrzeuge finden neben den nachstehenden Vorschriften die allgemeinen Bestimmungen über den Betrieb der Droschken, Omnibusse und sonstigen dem öffentlichen Transportgewerbe dienenden Fuhrwerke Anwendung.

Fahrzeuge, die aus einem Kraftrad und einem damit fest oder mittels Kuppelung verbundenen besonderen Sitze auf eigenem Rade oder eigenen Rädern seitlich neben dem Kraftrade bestehen, gelten als Kraftwagen im Sinne dieser Vorschriften.

Auf Straßenlokomotiven und schwere Vorspannmaschinen finden die nachstehenden Vorschriften keine Anwendung.

Vollzugs-Bekanntmachung vom 17. September 1906:

Unter „polizeilichen Vorschriften" sind nicht allein die orts-, distrikts- oder oberpolizeilichen Vorschriften, sondern auch die gesetzlichen Bestimmungen zu verstehen.

B. Das Kraftfahrzeug.

a) Beschaffenheit und Ausrüstung.

§ 2.

Die Kraftfahrzeuge müssen betriebssicher und insbesondere so gebaut, eingerichtet und ausgerüstet sein, daß Feuers- und Explosionsgefahr sowie eine Belästigung von Personen und Gefährdung von Fuhrwerken durch Geräusch, durch Entwickelung von Rauch oder Dampf oder durch üblen Geruch möglichst ausgeschlossen ist. Die Vorrichtung zum Auspuffen des Dampfes oder der Gase muß an einer möglichst wenig sichtbaren Stelle angebracht sein.

Die Radkränze dürfen nicht mit Unebenheiten versehen sein, welche geeignet sind, die Fahrbahn zu beschädigen.

§ 3.

Jedes Fahrzeug muß versehen sein:

1. mit einer kräftigen Lenkvorrichtung, welche gestattet, sicher und rasch auszuweichen und in einem möglichst kleinen Bogen zu wenden;

2. mit zwei voneinander unabhängigen Bremseinrichtungen, von denen mindestens die eine unmittelbar auf die Triebräder oder auf Bestandteile, die mit den Rädern fest verbunden sind, wirken, und von denen jede für sich geeignet sein muß, den Lauf des Fahrzeugs sofort zu hemmen und es auf die kürzeste Entfernung zum Stehen zu bringen;
3. mit einer Vorrichtung, die beim Befahren größerer Steigungen die unbeabsichtigte Rückwärtsbewegung verhindert;
4. mit einer eintonigen Huppe zum Abgeben von Warnungszeichen;
5. nach eingetretener Dunkelheit und bei starkem Nebel mit mindestens zwei, an den Seiten in gleicher Höhe angebrachten, hellbrennenden Laternen mit farblosem Glase, welche den Lichtschein derart auf die Fahrbahn werfen, daß diese auf mindestens 20 Meter vor dem Fahrzeuge von dem Führer übersehen werden kann. Uebermäßig stark wirkende Scheinwerfer dürfen nicht verwendet werden.

Für Krafträder gelten Ziffer 2 und 5 mit der Einschränkung, daß eine wirksame Bremsvorrichtung und eine Laterne der bezeichneten Art genügt; Ziffer 3 findet auf solche Fahrzeuge keine Anwendung.

Jeder Kraftwagen, dessen Eigengewicht 350 Kilogramm übersteigt, muß so eingerichtet sein, daß er mittels des Motors vom Führersitz aus in Rückwärtsgang gebracht werden kann.

Die Griffe zur Bedienung des Motors und der in Abs. 1 bis 3 angeführten Einrichtungen müssen so angebracht sein, daß der Führer sie, ohne sein Augenmerk von der Fahrtrichtung abzulenken, leicht und auch im Dunkeln ohne Verwechselungsgefahr handhaben kann.

Jedes Kraftfahrzeug muß mit einem Schilde versehen sein, welches die Firma, die das Fahrzeug hergestellt hat, die Anzahl der Pferdekräfte des Motors und das Eigengewicht des Fahrzeugs angibt.

b) Inbetriebnahme.

§ 4.

Wenn ein Kraftfahrzeug in Betrieb genommen werden soll, hat der Eigentümer hiervon der zuständigen Polizeibehörde seines Wohnorts eine schriftliche Anzeige zu erstatten, in welcher anzugeben sind:

1. Name, Stand und Wohnort des Eigentümers,
2. die Firma, welche das Fahrzeug hergestellt hat,
3. die Bestimmung des Fahrzeugs (Personen- oder Lastfahrzeug),
4. die Betriebsart,
5. die Anzahl der Pferdekräfte,
6. das Eigengewicht des Fahrzeugs,
7. für Lastkraftwagen das Höchstgewicht der Ladung.

Der Anzeige ist das Gutachten eines amtlich anerkannten Sachverständigen beizufügen, das die Richtigkeit der Angaben unter 4 bis 7 sowie ferner bestätigt, daß das Fahrzeug den nach dieser Verordnung zu stellenden Anforderungen genügt. Das Gutachten hat der Anzeigende auf seine Kosten zu beschaffen. An Stelle dieses Nachweises kann von der Landespolizeibehörde eine amtliche Prüfung auf Kosten des Anzeigenden vorgeschrieben werden.

Änderungen hinsichtlich der Punkte 1, 3 und 4 sowie wesentliche Änderungen hinsichtlich der Punkte 5 bis 7 sind in gleicher Weise anzuzeigen. Eine Änderung des Wohnorts des Eigentümers ist der Polizeibehörde des neuen Wohnorts unter Vorlegung der Bescheinigung (§ 5 Abs. 2) anzuzeigen.

Die zuständige Landespolizeibehörde ist befugt, auf Antrag einer Firma, deren Sitz sich im Bezirke der Behörde befindet, nach einer auf Kosten der Firma vorgenommenen Prüfung eine Bescheinigung darüber zu erteilen, daß eine fabrikmäßig gefertigte Gattung eines Kraftfahrzeugs den nach Maßgabe dieser Verordnung zu stellenden Anforderungen genügt. Bei der Veräußerung eines Kraftfahrzeugs, das einer derart zugelassenen Gattung angehört, kann die Firma dem Abnehmer eine mit laufender Nummer versehene Ausfertigung der Bescheinigung, die auch die Richtigkeit der im Abs. 1 unter 4 bis 7 vorgeschriebenen Angaben bestätigen muß, mit der Wirkung verabfolgen, daß sie das im Abs. 2 geforderte Gutachten ersetzt. Diese Bestimmung gilt für alle von einer deutschen Zentral- oder Landespolizeibehörde ausgestellten Bescheinigungen über die vorschriftsmäßige Beschaffenheit einer Gattung.

Vollzugs-Bekanntmachung vom 17. September 1906:

1. Um das Schreibwerk zu vermindern und um zeitraubende Rückfragen zu vermeiden, empfiehlt es sich, daß die Anmeldung von Kraftfahrzeugen bei der Distriktspolizeibehörde auf Formularen — nach anliegendem Muster[1]) — erfolgt.

2. Fabriken oder Händler, welche mit den zum Verkaufe gestellten Fahrzeugen Probefahrten auf öffentlichen Wegen und Plätzen veranstalten wollen, haben bei der für den Sitz der Firmen zuständigen Distriktspolizeibehörde die Zulassung der Kraftfahrzeuge im Sinne der §§ 4, 5 der oberpolizeilichen Vorschriften zu bewirken. Zuverlässigen Firmen kann auf Antrag von der Distriktspolizeibehörde für solche Fälle eine Anzahl von Erkennungsnummern zu wiederkehrender Verwendung mit der Maßgabe überwiesen werden, daß beim Verkauf eines jeden Fahrzeugs, zwecks Zuteilung der nunmehr endgültig zu führenden Erkennungsnummer, ohne Verzug Anzeige an die für den Wohnort des neuen Eigentümers zuständige Distriktspolizeibehörde erstattet wird.

3. Zufolge § 112 Abs. 1 der Ausführungsbestimmungen des Bundesrats zum Reichsstempelgesetze vom 3. Juni 1906 (Gesetz- und Verordnungsblatt S. 387)[2]) haben die Distriktspolizeibehörden die bei ihnen zur Anzeige oder sonst zu ihrer Kenntnis gelangenden Änderungen, welche in der Person oder dem Wohnorte des Eigenbesitzers eines Personenkraftfahrzeugs, in der Betriebsart oder der Anzahl der Pferdekräfte, ferner durch Umwandlung eines Lastkraftfahrzeugs in ein Personenkraftfahrzeug und umgekehrt eintreten, sowie Änderungen in der polizeilichen Kennzeichnung eines Personenkraftfahrzeugs der zuständigen Hebestelle (vgl. Abschnitt VI Ziff. 1 der Ministerialbekanntmachung vom 3. August 1906, den Vollzug des Reichsstempelgesetzes vom 3. Juni 1906 betreffend, Gesetz- und Verordnungsblatt S. 473)[3]) schriftlich mitzuteilen.

---

[1]) Siehe S. 33. [2]) Siehe S. 43. [3]) Siehe S. 37.

c) Polizeiliche Kennzeichnung.

§ 5.

Die Zulassung des Kraftfahrzeugs zum Verkehr auf öffentlichen Wegen und Plätzen ist von der Polizeibehörde abzulehnen, wenn den Vorschriften des § 4 nicht entsprochen ist.

Im Falle der Zulassung hat die Polizeibehörde das Kraftfahrzeug in eine Liste nach beiliegendem Muster 1[1]) einzutragen. Demnächst ist das Fahrzeug mit einem polizeilichen Kennzeichen (§ 7) zu versehen. Die Angabe der Erkennungsnummer erfolgt durch die nach § 4 Abs. 1 zuständige Behörde. Der Antragsteller erhält über die Zulassung und die Eintragung des Kraftfahrzeugs und die Zuteilung des Kennzeichens eine Bescheinigung nach beiliegendem Muster 2[2]). Die Bescheinigung ist in Urschrift oder beglaubigter Abschrift bei der Benutzung des Fahrzeugs auf öffentlichen Wegen und Plätzen mitzuführen und den Polizeibeamten auf Verlangen vorzuzeigen.

Bei Verlegung des Wohnorts des Eigentümers in einen Bezirk, in dem die Kraftfahrzeuge mit anderen Buchstaben oder römischen Ziffern (§ 7 Abs. 1) gekennzeichnet werden, ist das Fahrzeug mit einem Kennzeichen des neuen Bezirkes zu versehen und auf Grund der vorgelegten Bescheinigung eine neue auszustellen.

Vollzugs-Bekanntmachung vom 17. September 1906:

1. Zufolge § 59 des Reichsstempelgesetzes vom 3. Juni 1906, Reichsgesetzblatt S. 710,[3]) darf die Zuteilung oder die Ausgabe der Kennzeichen nur gegen Vorlegung der ordnungsmäßig versteuerten Erlaubniskarte erfolgen; im Falle nicht rechtzeitiger Erneuerung der Erlaubniskarte hat die Distriktspolizeibehörde auf Antrag der Hebestelle (vgl. Abschnitt VI Ziff. 1 der Ministerialbekanntmachung vom 3. August 1906, den Vollzug des Reichsstempelgesetzes vom 3. Juni 1906 betreffend, Gesetz- und Verordnungsblatt S. 473)[4]) die Beschlagnahme des für das im Gebrauch befindliche Kraftfahrzeug amtlich ausgegebenen Kennzeichens zu bewirken.

Behufs Erlangung der Erlaubniskarte hat die Distriktspolizeibehörde dem Antragsteller gegebenenfalls eine Bescheinigung nach dem den Ausführungsbestimmungen des Bundesrats zum Reichs-

---

[1]) Siehe S. 29. [2]) Siehe S. 30. [3]) Siehe S. 44 f. [4]) Siehe S. 37.

stempelgesetz vom 3. Juni 1906 beigefügten Muster 15 (Gesetz- und Verordnungsblatt S. 439)[1]) auszustellen.

2. Zufolge § 118 derselben Ausführungsbestimmungen (Gesetz- und Verordnungsblatt S. 389)[2]) haben die Distriktspolizeibehörden aus der von ihnen geführten Liste der zugelassenen Kraftfahrzeuge in vierteljährigen Zeitabschnitten bis zum 5. des auf den Schluß des Kalendervierteljahrs folgenden Monats der zuständigen Hebestelle einen Auszug zu übersenden.

Hinsichtlich derjenigen Einträge, welche in die Liste der zugelassenen Kraftfahrzeuge mit Rücksicht auf die Zwecke der Automobilstatistik zu machen sind, wird auf die bezüglichen besonderen Bestimmungen verwiesen.[3])

3. Bei der Überweisung von Erkennungsnummern an Fabriken oder Händler gemäß Ziff. 2 der vorstehenden Erläuterungen zu § 4[4]) ist die im § 5 der oberpolizeilichen Vorschriften vorgesehene Bescheinigung mit entsprechendem Vermerke zu versehen.

Ebenso hat die Distriktspolizeibehörde in die Bescheinigung einen entsprechenden Vermerk einzutragen, wenn auf Grund der § 7 Abs. 1 Satz 3, § 10 Abs. 2, § 24 Abs. 4, § 29 Abs. 2 eine Ausnahmebewilligung erteilt ist.

4. Wird ein zum Verkehr auf öffentlichen Wegen und Plätzen bereits zugelassenes Kraftfahrzeug verkauft, so greifen die Vorschriften des § 4 Platz. Hiernach hat der Käufer der Distriktspolizeibehörde seines Wohnorts die vorgeschriebene Anzeige zu erstatten. Die früher zugeteilte Erkennungsnummer wird in solchen Fällen regelmäßig nur dann beibehalten werden können, wenn Käufer und Verkäufer ihren Wohnsitz in Bayern haben. Bei Erteilung der Bescheinigung (§ 5 Abs. 2) an den Käufer ist die dem Verkäufer erteilte Bescheinigung einzuziehen.

Vgl. auch Ziff. 2 der Erläuterungen zu § 7, u. S. 13.

§ 6.

Vorbehaltlich der Vorschrift im § 29[5]) muß jedes auf öffentlichen Wegen und Plätzen verkehrende Kraftfahrzeug das polizeiliche Kennzeichen tragen.

§ 7.

Das von der Polizeibehörde zuzuteilende Kennzeichen besteht aus einem (oder mehreren) Buchstaben (oder römischen Ziffern) zur Bezeichnung des Bundesstaats (oder engeren Verwaltungsbezirkes) und aus der Erkennungsnummer, unter welcher das Fahrzeug in die polizeiliche

---

[1]) Siehe S. 59. [2]) Siehe S. 44. [3]) Min.-Entschl. vom 22. September 1906, Min.-Amtsbl. S. 423. [4]) Siehe S. 9. [5]) Siehe S. 26.

Liste (§ 5) eingetragen ist. Das Kennzeichen ist an der Vorderseite und an der Rückseite des Fahrzeugs nach außen hin an leicht sichtbarer Stelle anzubringen. Bei Krafträdern kann die Polizeibehörde aus besonderen, aus der Bauart des Fahrzeugs sich ergebenden Gründen von der Anbringung des zweiten Kennzeichens absehen und demgemäß zulassen, daß nur ein Kennzeichen an der Vorderseite oder an der Rückseite angebracht wird.

Das vordere Kennzeichen ist in schwarzer Balkenschrift auf weißem, schwarzgerandetem Grunde auf die Wandung des Fahrzeugs oder auf eine rechteckige Tafel aufzumalen, die mit dem Fahrzeuge durch Schrauben, Nieten oder Nägel fest zu verbinden ist. Die Buchstaben (oder die römischen Ziffern) und die Nummer müssen in eine Reihe gestellt und durch einen wagrechten Strich voneinander getrennt werden. Die Abmessungen betragen: Randbreite mindestens 10 Millimeter, Schrifthöhe 75 Millimeter bei einer Strichstärke von 12 Millimeter, Abstand zwischen den einzelnen Zeichen und vom Rande 20 Millimeter, Stärke des Trennungsstrichs 12 Millimeter, Länge des Trennungsstrichs 25 Millimeter, Höhe der Tafel ausschließlich des Randes 115 Millimeter (Muster 3)[1]).

Bei dem an der Rückseite des Fahrzeugs mittels Schrauben, Nieten oder Nägel fest anzubringenden Kennzeichen sind die Buchstaben (römischen Ziffern) und die Nummer auf einer viereckigen weißen schwarzgerandeten Tafel in schwarzer Balkenschrift auszuführen. Die Tafel kann Bestandteil einer Laterne sein (vgl. § 10). Die Buchstaben (römischen Ziffern) müssen über der Nummer stehen. Die Abmessungen betragen: Randbreite mindestens 10 Millimeter, Schrifthöhe 100 Millimeter bei einer Strichstärke von 15 Millimeter, Abstand zwischen den einzelnen Zeichen und vom Rande 20 Millimeter, Höhe der Tafel ausschließlich des Randes 260 Millimeter (Muster 4)[1]). Bei Kraftzweirädern ist auf der Rückseite auch eine sechseckige Tafel (Muster 5)[1]) zulässig. Im Falle des § 10 Abs. 1 Satz 2 kann das hintere Kennzeichen auch auf die Wandung des Fahrzeugs aufgemalt werden.

---

[1]) Siehe S. 31.

Vollzugs-Bekanntmachung vom 17. September 1906:

1. Die Polizeibehörden haben nachdrücklich darauf zu halten, daß die Bestimmungen über die Kennzeichnung genau befolgt werden.

2. Die Hauptkennzeichen sind aus der Anlage B[1]) zu ersehen. Hiernach besteht das bayerische Hauptkennzeichen aus der römischen Ziffer II in Verbindung mit einem Unterscheidungs-Buchstaben. Als Unterscheidungs-Buchstaben werden bis auf weiteres bestimmt:

A für den Stadtbezirk München,
B „ „ übrigen Regierungsbezirk Oberbayern,
C „ „ Regierungsbezirk Niederbayern,
D „ „ „ der Pfalz,
E „ „ „ der Oberpfalz und von Regensburg,
H „ „ „ Oberfranken,
N „ „ Stadtbezirk Nürnberg,
S „ „ übrigen Regierungsbezirk Mittelfranken,
U „ „ Regierungsbezirk Unterfranken und Aschaffenburg,
Z „ „ „ Schwaben und Neuburg.

Das bayerische Hauptkennzeichen ist ohne Rücksicht auf die Verschiedenheit des Buchstabens als ein einheitliches anzusehen; daher findet § 5 Abs. 3 der oberpolizeilichen Vorschriften keine Anwendung, wenn der Eigentümer seinen Wohnort aus einem der vorstehend angegebenen Bezirke in einen anderen von diesen Bezirken verlegt.

3. Als amtliche Auskunftsstelle für die bayerischen Kennzeichen wird die K. Polizeidirektion München bestimmt. Sie überweist jeder Distriktspolizeibehörde eine entsprechende Anzahl von Erkennungsnummern, wogegen ihr sofort nach Zuteilung eines Kennzeichens ein entsprechender Auszug aus der Liste der zugelassenen Kraftfahrzeuge (Muster 1 zu den oberpolizeilichen Vorschriften)[2]) zu übersenden ist. Auf Grund solcher Auszüge führt sie ein Verzeichnis sämtlicher von den bayerischen Distriktspolizeibehörden zugeteilten Kennzeichen.

4. Grundsätzlich ist es erwünscht, daß auch bei Krafträdern das Kennzeichen sowohl an der Vorderseite als auch an der Rückseite angebracht wird, und zwar empfiehlt es sich dasselbe an der Vorderseite derart in der Längsrichtung des Kraftrades zu befestigen, daß die Inschrift von beiden Seiten gut sichtbar ist.

§ 8.

Die Kennzeichen müssen mit dem Dienststempel der Polizeibehörde versehen sein.

---

[1]) Siehe S. 34. [2]) Siehe S. 29.

Vollzugs-Bekanntmachung vom 17. September 1906:

Bevor die Distriktspolizeibehörde das Kennzeichen mit dem Dienststempel versieht, hat sie sich durch sorgfältige Prüfung davon zu überzeugen, daß das Fahrzeug insbesondere auch den Vorschriften der §§ 7, 9, 10 entspricht. Zu diesem Zwecke ist alsbald nach Eingang der im § 4 vorgesehenen Anzeige des Eigentümers ein Termin für die Vorführung des Fahrzeugs am Sitze der Distriktspolizeibehörde anzusetzen.

Die Kraftfahrzeuge der Militärverwaltung werden durch die zuständige Militärbehörde geprüft; eine besondere Prüfung dieser Fahrzeuge seitens der Distriktspolizeibehörde ist daher nicht erforderlich. Die Distriktspolizeibehörde hat der Militärbehörde auf Antrag eine Anzahl von Erkennungsnummern zu überweisen und die daraufhin gefertigten, von der Militärbehörde vorgelegten Kennzeichen mit dem Dienststempel zu versehen.

Für die Abstempelung der Kennzeichen sind zweckmäßig Schablonen zu verwenden.

§ 9.

Die Kennzeichen dürfen nicht zum Umklappen eingerichtet sein; sie dürfen niemals verdeckt sein und müssen stets in lesbarem Zustand erhalten werden. Der untere Rand des vorderen Kennzeichens darf nicht weniger als 20 Zentimeter, der des hinteren nicht weniger als 45 Zentimeter vom Erdboden entfernt sein.

Vollzugs-Bekanntmachung vom 17. September 1906:

Je weiter das hintere Kennzeichen vom Erdboden entfernt ist, um so besser wird seine jederzeitige Erkennbarkeit gewahrt sein. Die Distriktspolizeibehörden werden daher darauf zu halten haben, daß da, wo es die Bauart des Fahrzeugs gestattet, das hintere Kennzeichen möglichst hoch angebracht wird.

§ 10.

Während der Dunkelheit und bei starkem Nebel ist das hintere Kennzeichen durchscheinend so zu beleuchten, daß es deutlich erkennbar ist. An Stelle der durchscheinenden Beleuchtung kann die Polizeibehörde eine Beleuchtung von außen zulassen, sofern der Leuchtkörper oberhalb der Tafel angebracht ist und die Erkennbarkeit des Kennzeichens dadurch nicht beeinträchtigt wird. Die Beleuchtungsvorrichtung muß so eingerichtet sein, daß sie weder vom Sitze des Führers noch vom Innern des Wagens aus abgestellt werden kann.

Bei Krafträdern kann die Polizeibehörde auf Antrag von einer Beleuchtung des Kennzeichens absehen.

Vollzugs-Bekanntmachung vom 17. September 1906:

Nach den Vorschriften der § 7 Abs. 3, § 10 werden als hintere Kennzeichen der Kraftwagen in der Regel Transparentlaternen Verwendung finden. Die Distriktspolizeibehörden haben ihr Augenmerk darauf zu richten, daß die Vorrichtung ausreichend fest gebaut ist und daß sie es ermöglicht, auch nach Eintritt der Dunkelheit die Erkennungsnummer ohne Schwierigkeit auf einige Entfernung feststellen zu können.

Anstatt einer Transparentlaterne kann von der Distriktspolizeibehörde in geeigneten Fällen auch die Beleuchtung von außen zugelassen werden. In der Regel wird in solchen Fällen eine elektrische Lampe verwendet werden, die das Licht von oben auf die Blechtafel wirft. Bei dieser Art der Beleuchtung des Nummerzeichens ist unbedingt darauf zu achten, daß die Lichtquelle ausreichend stark ist und daß der Lampenarm das Kennzeichen nicht verdeckt.

Ferner haben die Polizeibeamten darauf hinzuwirken, daß die Lampen der im Betriebe befindlichen Fahrzeuge stets ausreichend hell brennen.

Grundsätzlich ist es erwünscht, daß auch bei Krafträdern eine Beleuchtung des Kennzeichens stattfindet. Die Distriktspolizeibehörden werden daher von einer Beleuchtung des Kennzeichens nur dann absehen, wenn nach der Bauart des Kraftrades der Führer durch die Beleuchtungsvorrichtung gefährdet würde.

§ 11.

Der Verlust oder das Unbrauchbarwerden eines Kennzeichens muß der Zuteilungsstelle sofort angezeigt werden.

Tritt der Verlust oder das Unbrauchbarwerden an einem Orte ein, von dem aus die Zuteilungsstelle ohne Zeitverlust nicht erreicht werden kann, so genügt die Anzeige an die nächste für die Zuteilung von Kennzeichen zuständige Behörde, die in derartigen Fällen das erneute Kennzeichen mit dem Dienststempel zu versehen und, daß dies geschehen, in der Bescheinigung (§ 5 Abs. 2) ersichtlich zu machen hat.

Vollzugs-Bekanntmachung vom 17. September 1906:

Die Vorschrift des § 11 Abs. 2 verfolgt den Zweck, den Kraftfahrern den Ersatz eines verloren gegangenen oder unbrauchbar gewordenen Kennzeichens nach Möglichkeit zu erleichtern. Die Distriktspolizeibehörden haben daher darauf Bedacht zu nehmen, alle Anträge der in Betracht kommenden Art schleunigst zu erledigen und den Antragstellern unnötige Weitläufigkeiten zu ersparen.

§ 12.

Die Anbringung mehrerer verschiedener Kennzeichen ist unzulässig.

§ 13.

Bei Ausstellungen von Kraftfahrzeugen können von der zuständigen Landespolizeibehörde Ausnahmen von den Vorschriften der §§ 7, 10 mit der Maßgabe zugelassen werden, daß für die an der Veranstaltung teilnehmenden Kraftfahrzeuge die Führung eines besonderen Kennzeichens vorgeschrieben wird, dessen Beschaffenheit im Einzelfalle von dieser Behörde festzusetzen ist. Soweit es sich um Kraftfahrzeuge handelt, die bereits in die polizeiliche Liste eingetragen und mit einem Kennzeichen versehen sind, muß dies Kennzeichen auch während der Ausstellung weiter geführt werden.

C. Der Führer des Kraftfahrzeugs.[1])

a) Eigenschaften des Führers.

§ 14.

Das Führen von Kraftfahrzeugen ist nur solchen Personen gestattet und darf nur solchen Personen überlassen werden, die mit den Einrichtungen und der Bedienung des Fahrzeugs völlig vertraut sind und sich hierüber durch

---

[1]) Vollzugs-Bekanntmachung vom 17. September 1906:
Die Vorschriften der §§ 14 bis 19 finden nicht allein auf berufsmäßige Kraftfahrer (Chauffeure), sondern auch auf alle anderen Personen Anwendung, die dauernd oder vorübergehend ein Kraftfahrzeug führen.

ein von einer sachverständigen Behörde oder einer behördlich anerkannten Stelle ausgestelltes Zeugnis ausweisen können. Das Zeugnis ist der Polizeibehörde des Wohnorts des Führers zur Kenntnisnahme vorzulegen und von dieser, sofern gegen die Zuverlässigkeit und Befähigung der betreffenden Person Bedenken nicht bestehen, mit einem hierauf bezüglichen Vermerke zu versehen. Der Führer hat das Zeugnis bei sich zu führen und auf Verlangen den zuständigen Beamten vorzuzeigen.

Personen unter 18 Jahren ist das Führen von Kraftfahrzeugen, insbesondere auch von Krafträdern, nicht gestattet. Ausnahmen können von der Polizeibehörde mit Zustimmung des gesetzlichen Vertreters zugelassen werden.

Vollzugs-Bekanntmachung vom 17. September 1906:

Im Falle der Bewilligung einer Ausnahme gemäß § 14 Abs. 2 hat die Distriktspolizeibehörde einen entsprechenden Vermerk in das Zeugnis einzutragen.

b) Besondere Pflichten des Führers.

§ 15.

Der Führer ist dafür verantwortlich, daß das Kraftfahrzeug mit den nach dieser Verordnung vorgeschriebenen Vermerken und polizeilichen Kennzeichen versehen ist, daß es in vorgeschriebener Weise beleuchtet ist, sowie dafür, daß bei der Benutzung des Fahrzeugs auf öffentlichen Wegen und Plätzen die durch § 5 Abs. 2 vorgeschriebene Bescheinigung mitgeführt wird.

Der Führer ist verpflichtet, sich vor der Fahrt davon zu überzeugen, daß das Fahrzeug in ordnungsmäßigem Zustand ist und daß seine maschinellen sowie die im § 3 vorgeschriebenen Einrichtungen gut wirken.

Vollzugs-Bekanntmachung vom 17. September 1906:

Nach § 60 des Reichsstempelgesetzes vom 3. Juni 1906, Reichsgesetzblatt S. 710, hat der Führer des Kraftfahrzeugs auch die Erlaubniskarte unterwegs stets bei sich zu führen. Er ist verpflichtet, sie auf Verlangen den sich durch ihre Dienstkleidung oder sonst ausweisenden Grenz- und Steueraufsichtsbeamten sowie den Aufsichtsbeamten der Polizeiverwaltung zum Nachweise der

Erfüllung der Stempelpflicht vorzuzeigen und nötigenfalls die erforderliche Auskunft zu geben. Ein in der Fahrt begriffenes Fahrzeug darf indessen lediglich aus diesem Anlaß außer im Grenzbezirke nicht angehalten werden.

§ 16.

Der Führer ist zu besonderer Vorsicht in Leitung und Bedienung seines Fahrzeugs verpflichtet. Er darf von dem Fahrzeuge nicht absteigen, solange es in Bewegung ist, und darf sich von ihm nicht entfernen, solange der Motor angetrieben ist; auch muß er, falls er sich von dem Fahrzeug entfernen will, die nötigen Vorkehrungen treffen, daß kein Unbefugter den Motor antreiben kann.

Auf den Haltruf oder das Haltzeichen eines als solcher kenntlichen Polizeibeamten hat der Führer sofort anzuhalten. Zur Kenntlichmachung eines Polizeibeamten ist auch das Tragen einer Dienstmütze ausreichend.

§ 17.

Die Fahrgeschwindigkeit ist jederzeit so einzurichten, daß Unfälle und Verkehrsstörungen vermieden werden.

Jedenfalls darf innerhalb geschlossener Ortsteile die Fahrgeschwindigkeit das Zeitmaß eines in gestrecktem Trabe befindlichen Pferdes — etwa 15 Kilometer in der Stunde — nicht überschreiten. Außerhalb geschlossener Ortsteile darf sie, wenn übersichtliche Wege befahren werden, insoweit erhöht werden, als der Führer in der Lage bleibt, unter allen Umständen seinen Verpflichtungen Genüge zu leisten.

Auf unübersichtlichen Wegen, insbesondere nach Eintritt der Dunkelheit oder bei starkem Nebel, beim Einbiegen aus einer Straße in die andere, bei Straßenkreuzungen, bei scharfen Straßenkrümmungen, bei der Ausfahrt aus Grundstücken, die an öffentlichen Wegen liegen, und bei der Einfahrt in solche Grundstücke, bei der Annäherung an Eisenbahnübergänge in Schienenhöhe, ferner beim Passieren enger Brücken und Tore sowie schmaler oder abschüssiger Wege, sowie da, wo die Wirksamkeit der Bremsen durch die Schlüpfrigkeit des Weges in Frage gestellt ist, endlich überall da, wo ein lebhafter Verkehr stattfindet, muß langsam und so vorsichtig gefahren werden, daß das Fahrzeug nötigenfalls sofort und jedenfalls auf eine Wegstrecke von höchstens 5 Meter zum Halten gebracht werden kann.

§ 18.

Der Führer hat entgegenkommende, zu überholende, in der Fahrtrichtung stehende oder die Fahrtrichtung kreuzende Menschen sowie die Führer von Fuhrwerken, Reiter, Radfahrer, Viehtreiber usw. durch deutlich hörbares Warnungszeichen rechtzeitig auf das Nahen des Kraftfahrzeugs aufmerksam zu machen.

Auch an unübersichtlichen Stellen (§ 17 Abs. 3) ist Warnungszeichen zu geben.

Das Abgeben von Warnungszeichen ist sofort einzustellen, wenn Pferde oder andere Tiere dadurch unruhig oder scheu werden.

Warnungszeichen dürfen nur mit der eintonigen Huppe (§ 3 Abs. 1 Ziffer 4) abgegeben werden.

Das Abgeben langgezogener Huppensignale, die Ähnlichkeit mit Feuersignalen haben, ist nicht statthaft.

Merkt der Führer, daß ein Pferd oder ein anderes Tier vor dem Kraftfahrzeuge scheut, oder daß sonst durch das Vorbeifahren mit dem Kraftfahrzeuge Menschen oder Tiere in Gefahr gebracht werden, so hat er langsam zu fahren sowie erforderlichenfalls anzuhalten und den Motor außer Tätigkeit zu setzen.

Im Falle eines Zusammenstoßes des Kraftfahrzeugs mit Personen oder Sachen hat der Führer sofort zu halten und die nach den Umständen des Falles gebotene Hilfe zu leisten.

§ 19.

Beim Einbiegen in eine andere Straße ist nach rechts in kurzer Wendung, nach links in weitem Bogen zu fahren.

Der Führer hat entgegenkommenden Fuhrwerken, Kraftfahrzeugen, Reitern, Radfahrern, Viehtransporten oder dergleichen rechtzeitig und genügend nach rechts auszuweichen oder, falls dies die Umstände oder die Örtlichkeit nicht gestatten, solange anzuhalten, bis die Bahn frei ist. Ebenso hat er anzuhalten beim Zusammentreffen mit marschierenden Militärabteilungen, öffentlichen Aufzügen, Leichenbegängnissen oder dergleichen.

Das Vorbeifahren an eingeholten Fuhrwerken, Kraftfahrzeugen, Reitern, Radfahrern, Viehtransporten oder dergleichen hat auf der linken Seite zu erfolgen.

Vollzugs-Bekanntmachung vom 17. September 1906:

Im Interesse einer glatten Abwicklung des Fahrverkehrs und zur Vermeidung von Unfällen muß auf die strenge Durchführung der für das Ausweichen und Überholen der Fuhrwerke bestehenden Vorschriften ganz besonderes Gewicht gelegt werden. Die Polizeibeamten sind hierauf besonders hinzuweisen.

D. Die Benutzung öffentlicher Wege und Plätze.

§ 20.

Das Fahren mit Kraftfahrzeugen ist nur auf Fahrwegen gestattet. Auf Radfahrwegen und auf Fußwegen, die für Fahrräder freigegeben sind, ist der Verkehr mit Krafträdern nur mit besonderer polizeilicher Genehmigung zulässig.

§ 21.

Durch allgemeine polizeiliche Vorschriften oder durch besondere, für einzelne Fälle getroffene polizeiliche Anordnungen kann, soweit der Zustand der Wege oder die Eigenart des Verkehrs es erfordert, der Verkehr von Kraftfahrzeugen auf bestimmten Wegen, Plätzen und Brücken verboten oder beschränkt, insbesondere die zulässige Fahrgeschwindigkeit auf ein bestimmtes Maß herabgesetzt werden.

Allgemeine Vorschriften dieser Art sind an den betreffenden Stellen durch öffentlichen Anschlag auf zu diesem Zwecke kenntlich gemachten Tafeln zur Kenntnis zu bringen.

Vollzugs-Bekanntmachung vom 17. September 1906:

Bei der Entscheidung der Frage, ob ein Weg für den Kraftwagenverkehr zu sperren ist, muß davon ausgegangen werden, daß der Verkehr mit Kraftfahrzeugen im allgemeinen auf allen denjenigen öffentlichen Wegen zuzulassen ist, welche für den übrigen Fuhrwerkverkehr freigegeben sind. Eine Wegsperrung im Sinne des § 21 wird daher nur dann anzuordnen sein, wenn hierfür in der gefährlichen Beschaffenheit des zu sperrenden Weges oder seiner Umgebung zwingende Gründe gegeben sind. Solche Gründe liegen insbesondere vor, wenn es sich um schmale und unübersichtliche Wege mit steilen Böschungen oder ungünstigen Steigungsverhältnissen handelt. In der Regel wird es zur Verhütung von Unglücksfällen genügen, die zulässige Fahrgeschwindigkeit auf ein bestimmtes Maß herabzusetzen.

Auf die ordnungsmäßige Kennzeichnung der gesperrten Wegestrecken durch Tafeln ist besonderer Wert zu legen. Es empfiehlt sich, für diesen Zweck möglichst gleichartige und in die Augen fallende Vorrichtungen zu verwenden.

Um eine rechtzeitige Veröffentlichung von Wegesperrungen in den Fachzeitschriften sicherzustellen, haben die Polizeibehörden die von ihnen angeordneten Wegesperrungen, soweit diese nicht nur vorübergehender Natur sind, dem Deutschen Automobil-Verbande zu Berlin ungesäumt mitzuteilen.[1])

Soweit die Bauart bestimmter Wege oder die Bauart der Wege einer bestimmten Gegend die Verwendung solcher Kraftfahrzeuge, insbesondere Lastwagen, nicht gestattet, die durch ihre Schwere (Eigen- und Ladegewicht zusammengerechnet) oder Bauart die Fahrbahn besonders angreifen, können Fahrzeuge dieser Art aus wegepolizeilichen Gründen von der Benützung dieser Wege ausgeschlossen oder in deren Benützung beschränkt werden.

§ 22.

Das Wettfahren und die Veranstaltung von Wettfahrten auf öffentlichen Wegen und Plätzen sind verboten. Ausnahmen bedürfen der Genehmigung der zuständigen Landeszentralbehörde oder der von dieser zu bestimmenden höheren Verwaltungsbehörde, welche im einzelnen Falle die besonderen Bedingungen festsetzt.

Für Zuverlässigkeitsfahrten ist die Genehmigung der zuständigen Behörde erforderlich.

Vollzugs-Bekanntmachung vom 17. September 1906:

Wie aus dem Wortlaute der Vorschrift hervorgeht, ist zu unterscheiden zwischen Wettfahrten und Zuverlässigkeitsfahrten. Während jene das Ziel verfolgen, mit den an der Veranstaltung teilnehmenden Fahrzeugen die größtmögliche Geschwindigkeit zu erzielen, dienen diese hauptsächlich dazu, die Dauerhaftigkeit der Wagen und die Betriebssicherheit der Maschinen zu erproben.

---

[1]) Da der Verband aufgelöst ist, werden die Mitteilungen dem Bayerischen Automobil-Klub in München zu machen sein.

Die größere Gefahr für den öffentlichen Verkehr ist hiernach mit den Wettfahrten verbunden. Damit die notwendigen Sicherheitsmaßregeln rechtzeitig getroffen werden können, unterliegt ihre Veranstaltung der besonderen Genehmigung des K. Staatsministeriums des Innern oder der von diesem bestimmten höheren Verwaltungsbehörde. Für die Zuverlässigkeitsfahrten, bei denen hauptsächlich die Anhäufung von Fahrzeugen zu Unzuträglichkeiten für den öffentlichen Verkehr führt, ist die Genehmigung der zuständigen Behörde vorgeschrieben; als solche kommt in der Regel — soferne sich nicht die Veranstaltung auf einen Verwaltungsbezirk beschränkt — die K. Regierung, Kammer des Innern, in Betracht. Auch hier wird zu prüfen sein, ob die Veranstaltung aus polizeilichen Gründen zu verbieten oder von besonderen Bedingungen abhängig zu machen sei.

§ 23.

Das Mitführen von Anhängewagen ist nur auf Grund polizeilicher Erlaubnis zulässig. Der Erlaubnisschein ist bei der Fahrt mitzuführen und den Polizeibeamten auf Verlangen vorzuzeigen. Auf den Transport schadhaft gewordener Fahrzeuge findet diese Vorschrift keine Anwendung.

E. Verkehr über die Reichsgrenze und im Zollgrenzbezirke.

§ 24.

Für die Zulassung und Kennzeichnung der zu vorübergehendem Aufenthalt in das Gebiet des Deutschen Reichs aus dem Auslande gelangenden außerdeutschen Kraftfahrzeuge und für die Zulassung der Führer solcher Fahrzeuge gelten folgende besondere Bestimmungen:

a) Die Vorschriften über die Anmeldung und über die Zulassung von Kraftfahrzeugen zum Verkehr auf öffentlichen Wegen und Plätzen in den §§ 4, 5 finden auf die außerdeutschen Kraftfahrzeuge keine Anwendung, sofern der Führer des Kraftfahrzeugs durch eine Bescheinigung der zuständigen Behörde des Auslandes nachweisen kann, daß das Fahrzeug den an dem betreffenden Orte gültigen polizeilichen Vorschriften entspricht; Bescheinigungen dieser Art müssen den Namen, Stand und Wohnort des Eigentümers, die Firma, die das Fahrzeug hergestellt hat, seine Betriebsart, die Anzahl der Pferdekräfte, das Eigengewicht des Fahrzeugs und bei Lastkraftwagen das Höchstgewicht der Ladung angeben und mit dem Anerkennungsvermerk einer deutschen Behörde versehen sein.

b) Die außerdeutschen Kraftfahrzeuge müssen an Stelle der durch §§ 7, 10 vorgeschriebenen polizeilichen Kennzeichen ein besonderes länglichrundes Kennzeichen (Muster 6)[1]) führen, das zugleich mit der Bescheinigung über die Zuteilung des Kennzeichens (Muster 7)[2]) nach Maßgabe der besonderen hierüber ergehenden Anordnungen auf den Grenzzollämtern ausgegeben wird und beim Verlassen des Deutschen Reichs nebst Bescheinigung wieder abzuliefern ist. Das Kennzeichen ist an der Rückseite des Fahrzeugs nach außen hin an leicht sichtbarer Stelle fest anzubringen und bei Kraftwagen während der Dunkelheit und bei starkem Nebel so zu beleuchten, daß es deutlich erkennbar ist; die Beleuchtungsvorrichtung darf das Kennzeichen nicht verdecken. Etwa vorhandene ausländische Kennzeichen sind zu entfernen oder zu überdecken.

Die für das Kennzeichen zu entrichtende Gebühr beträgt

für Kraftwagen . . . . 6 Mark,
für Krafträder . . . . 3 Mark.

Wird die Tätigkeit der Amtsstelle außerhalb der Geschäftszeit, d. h. in den Monaten Oktober bis Februar vor 7½ Uhr vormittags und nach 5½ Uhr nachmittags, in den übrigen Monaten vor 7 Uhr vormittags und nach 8 Uhr nachmittags, in Anspruch genommen, so erhöht sich die Gebühr

für Kraftwagen auf . . . . . 10 Mark,
für Krafträder auf . . . . . 5 Mark.

Beim Ausgang eines außerdeutschen Kraftfahrzeugs aus dem Reichsgebiet ist das Kennzeichen mit der über seine Zuteilung ausgestellten Bescheinigung der nächsten zur Ausgabe von Kennzeichen befugten Amtsstelle behufs Rücksendung an die Eingangs-Amtsstelle zu übergeben. Erfolgt infolge dauernden Ver-

---

[1]) Siehe S. 31. [2]) Siehe S. 32.

bleibs im Inlande später die Zulassung des Fahrzeugs gemäß § 5, so hat die Rücksendung durch Vermittelung der die Zulassung aussprechenden Polizeibehörde zu geschehen.

c) Die durch § 14 Abs. 1 für die Führer von Kraftfahrzeugen vorgeschriebenen Zeugnisse können für die Führer außerdeutscher Kraftfahrzeuge durch entsprechende ausländische Zeugnisse ersetzt werden, sofern diese von einer deutschen Behörde mit einem Anerkennungsvermerke versehen sind.

Als „deutsche Behörde“, deren Anerkennungsvermerk nach Abs. 1 unter a und c die ausländischen Bescheinigungen und Zeugnisse tragen müssen, gilt der zuständige deutsche Konsul. Sind die Schriftstücke nicht in deutscher Sprache abgefaßt, so muß ihr Inhalt aus dem Anerkennungsvermerk ersichtlich sein.

Die zuständige Landespolizeibehörde kann von dem im vorstehenden unter a geforderten Anerkennungsvermerk einer deutschen Behörde für die Bescheinigungen bestimmter Behörden des benachbarten Auslandes absehen lassen.

Den Eigentümern außerdeutscher Kraftfahrzeuge kann von der zuständigen Landespolizeibehörde auf Antrag gestattet werden, das deutsche Kennzeichen zu führen. Die betreffenden Kraftfahrzeuge sind in diesem Falle in polizeilicher Beziehung als deutsche anzusehen und unterliegen demgemäß den Vorschriften der §§ 4, 5, 7, 10. Die zuständige Landespolizeibehörde bezeichnet die Polizeibehörde, welche die Eintragung des Kraftfahrzeugs in die Liste zu bewirken und die Erkennungsnummer zuzuteilen hat.

Vollzugs-Bekanntmachung vom 17. September 1906:

1. Zur Erlangung des Kennzeichens sind die in das Reichsgebiet eingehenden Kraftfahrzeuge dem nächsten Grenzzollamte vorzuführen.

Für Grenzstrecken, auf denen die Reichsgrenze nicht mit der Zollgrenze zusammenfällt, sind die zur Erteilung der Erlaubniskarten zuständigen Zollstellen auch zur Erteilung der Kennzeichen befugt.

2. Die Amtsstelle prüft die im § 24 unter a und c bezeichneten Bescheinigungen und Zeugnisse auf ihre Gültigkeit sowie dahin, ob sie sich auf das vorgeführte Fahrzeug und seinen Führer beziehen. Findet sich nichts zu erinnern, so gibt die Amts-

stelle das Kennzeichen zugleich mit der Bescheinigung über die Zuteilung und einem Exemplare der Polizeiverordnung aus und überwacht die vorschriftsmäßige Anbringung des Kennzeichens.

3. Die Gebühr fließt in die Staatskasse. Sie dient zur Deckung der sämtlichen, dem Staate durch die Kennzeichnung der außerdeutschen Kraftfahrzeuge erwachsenden Kosten.

4. Über die Ausgabe und den Rückempfang der Kennzeichen führen die Amtsstellen ein Buch nach beifolgendem Muster.[1])

§ 25.

Im Zollgrenzbezirke haben die Beamten der Grenzzollverwaltung hinsichtlich der Kraftfahrzeuge die gleichen Befugnisse wie die Polizeibeamten.

F. Untersagung des Betriebs.

§ 26.

Die Polizeibehörde kann jederzeit auf Kosten des Eigentümers eine Untersuchung darüber anstellen, ob ein Kraftfahrzeug den nach Maßgabe dieser Verordnung zu stellenden Anforderungen entspricht.

Kraftfahrzeuge, welche diesen Anforderungen nicht genügen, können durch die Polizeibehörde vom Befahren der öffentlichen Wege und Plätze ausgeschlossen werden.

Vollzugs-Bekanntmachung vom 17. September 1906:

Die Distriktspolizeibehörde hat dafür zu sorgen, daß unrichtige Kennzeichen und Bescheinigungen nicht weiter geführt werden.

§ 27.

Ungeeigneten Personen, insbesondere solchen, welche die den Führern von Kraftfahrzeugen obliegenden Verpflichtungen verletzt haben, kann das Führen von Kraftfahrzeugen dauernd oder für bestimmte Zeit polizeilich untersagt werden. Sie haben alsdann das ausgestellte Zeugnis (§ 14 Abs. 1) der Polizeibehörde abzuliefern. Handelt es sich um ausländische Zeugnisse (§ 24 Abs. 1

---

[1]) Siehe S. 35.

unter c), so ist die Polizeibehörde befugt, den Anerkennungsvermerk zu löschen.

G. Strafbestimmungen.

§ 28.

Zuwiderhandlungen gegen die vorstehenden Bestimmungen werden in Gemäßheit des § 366 Nr. 10 des Reichs-Strafgesetzbuchs mit Geldstrafe bis zu 60 Mark oder mit Haft bis zu 14 Tagen bestraft.

H. Ausnahmen.

§ 29.

Von der Verpflichtung zur Führung des Kennzeichens sind befreit:

a) Kraftfahrzeuge, die nur in Schleppzügen für den Frachtverkehr Verwendung finden,

b) Kraftfahrzeuge der Feuerwehr,

c) Kraftwagen, die im öffentlichen Fuhrverkehre Verwendung finden und für die Sondervorschriften hinsichtlich ihrer Kennzeichen bestehen (Droschken, Omnibusse usw.).

Auf Antrag können durch die Polizeibehörde von der Verpflichtung zur Führung des Kennzeichens entbunden werden:

a) leichte, nur für den Stadtverkehr bestimmte Personenkraftfahrzeuge mit einer Höchstgeschwindigkeit auf ebener Bahn von nicht mehr als 15 Kilometer in der Stunde,

b) Geschäftswagen, die in deutlich erkennbarer Form mit der Firma des Geschäfts versehen sind. Insoweit mehrere Kraftfahrzeuge zu einem Geschäftsbetriebe gehören, müssen sie indessen mit besonderer laufender Erkennungsnummer versehen sein, die den Anforderungen in den §§ 7, 10 zu entsprechen hat.

Auf die Kraftfahrzeuge der Militärverwaltung und auf die Führer dieser Kraftfahrzeuge finden die Vorschriften im § 14 Abs. 1 Satz 2 und Abs. 2, § 18 Abs. 4, §§ 23, 26, 27 keine Anwendung. Krafträder der Militärverwaltung sind von der Verpflichtung zur Beleuchtung des Kennzeichens (§ 10) befreit.

Die Kraftfahrzeuge der Feuerwehren sind von den Bestimmungen der § 3 Abs. 1 Ziffer 4, §§ 17, 19, 23 ausgenommen.

J. Schlußbestimmungen.

§ 30.

Diese Vorschriften treten am 1. Oktober 1906 in Kraft.

Vollzugs-Bekanntmachung vom 17. September 1906:

Die von den Bundesregierungen vereinbarten neuen Vorschriften werden ihren Zweck, die Sicherheit des Verkehrs auf öffentlichen Wegen und Plätzen zu fördern, nur dann erfüllen können, wenn sie in allen Einzelheiten von den beteiligten Stellen und Behörden mit voller Entschiedenheit durchgeführt, gleichzeitig aber auch die für den sonstigen Straßenverkehr bestehenden Vorschriften in verstärktem Maße zur Geltung gebracht werden. In diesem Sinne sind die Polizeiorgane anzuweisen.

§ 31.

Zum Vollzuge der Vorschriften sind, soweit sich nicht aus denselben ein anderes ergibt, die Distriktspolizeibehörden, in München die Polizeidirektion zuständig.

Die der „zuständigen Behörde" oder „Landespolizeibehörde" vorbehaltenen Verfügungen können außerdem auch von den Regierungen, Kammern des Innern, für mehrere Distriktsverwaltungsbezirke und vom Staatsministerium des Innern für mehrere Regierungsbezirke getroffen werden.

Zu den in §§ 20 und 21 vorgesehenen Genehmigungen und allgemeinen Vorschriften sind auch die Ortspolizeibehörden innerhalb ihrer Zuständigkeit ermächtigt.

§ 32.

Vom 1. Oktober 1906 an finden die oberpolizeilichen Vorschriften über den Verkehr mit Motorfahrzeugen auf öffentlichen Wegen, Straßen und Plätzen vom 7. Mai 1902 (Gesetz- und Verordnungsblatt S. 173) im allgemeinen nur mehr auf Straßenlokomotiven und schwere Vorspannmaschinen Anwendung; jedoch bleibt § 2 Abs. 3 für Kraftfahrzeuge ohne Gummibeschuhung und § 10 für Kraftfahrzeuge, deren Gewicht bei voller Belastung 4000 kg übersteigt, in Geltung.[1])

§ 33.

Dem § 9 der Ministerialbekanntmachung vom 4. Januar 1872, die Sicherheit und Bequemlichkeit auf öffentlichen Wegen, Straßen und Plätzen betreffend (Reg.-Bl. S. 73), wird folgender zweite Absatz angefügt:

„Der Gebrauch von Huppensignalen für andere Fahrzeuge als Kraftfahrzeuge ist verboten."

München, den 17. September 1906.

Dr. **Graf v. Feilitzsch.**

---

[1]) § 2 Abs. 3:

Motorwagen von mehr als 3000 kg Gesamtgewicht (Eigengewicht und Ladegewicht) müssen, wenn sie ohne Gummibeschuhung sind, eine Felgenbreite von mindestens 10 cm, Motorwagen von mehr als 4500 kg Gesamtgewicht eine Felgenbreite von mindestens 15 cm haben.

§ 10:

Eine besondere distriktspolizeiliche Erlaubnis ist erforderlich:

1. zur Inbetriebnahme eines Motorfahrzeuges, dessen Gewicht bei voller Belastung 4000 kg übersteigt,

2. . . . . . .

Dem einzureichenden Gesuch sind Beschreibung und Zeichnungen des Fahrzeuges beizulegen, und in dem Gesuch ist anzugeben, ob und auf welcher Straße etwa ein regelmäßiger Fahrbetrieb eingeführt werden soll.

Soweit Staatsstraßen und Gemeindewege durch den Fahrbetrieb berührt werden, wird das Gesuch nach Anhörung des zuständigen K. Straßen- und Flußbauamtes bezw. der betreffenden Gemeindebehörde verbeschieden.

Bezeichnung der Polizeibehörde: ....

Muster 1.

Liste der zugelassenen Kraftfahrzeuge.

Laufende Nr.	Tag der Prüfung	Name, Stand und Wohnort des Eigentümers	Firma, welche das Fahrzeug hergestellt hat	Bestimmung des Fahrzeugs	Betriebsart	Anzahl der Pferdekräfte	Eigengewicht des Fahrzeugs	Höchstgewicht der Ladung. (Nur bei Lastkraftwagen)	Tag der Zuteilung der Nummer	Erkennungsnummer	Bemerkungen

Auf Leinwandpapier.

Muster 2.

(Vorderseite.)

Name, Stand und Wohnort des Eigentümers.	
Die Firma, welche das Fahrzeug hergestellt hat.	
Die Bestimmung des Fahrzeugs.	
Die Betriebsart.	
Die Anzahl der Pferdekräfte.	
Das Eigengewicht des Fahrzeugs.	
Das Höchstgewicht der Ladung. (Nur bei Lastkraftwagen.)	

(Rückseite.)

Das umseitig beschriebene Kraftfahrzeug ist unter der Erkennungsnummer

für den Verkehr auf öffentlichen Wegen und Plätzen zugelassen worden, nachdem festgestellt war, daß es den Anforderungen der Polizeiverordnung, betreffend den Verkehr mit Kraftfahrzeugen, entspricht.

........................., den ten .... 190 .

(L. S.)

Liste Nr. ....

Muster 3.

(1/8 der vorgeschriebenen Maße.)

Muster 4.

(1/8 der vorgeschriebenen Maße.)

Muster 5.

(1/8 der vorgeschriebenen Maße.)

Muster 6.

(1/8 der vorgeschriebenen Maße.)

Auf Leinwandpapier. **Muster 7.**

(Vorderseite.)

Name, Stand und Wohnort des Eigentümers.	
Die Firma, welche das Fahrzeug hergestellt hat.	
Die Bestimmung des Fahrzeugs.	
Die Betriebsart.	
Die Anzahl der Pferdekräfte.	
Das Eigengewicht des Fahrzeugs.	
Das Höchstgewicht der Ladung. (Nur bei Lastkraftwagen.)	

(Rückseite.)

Das umseitig beschriebene Kraftfahrzeug ist hier eingegangen und unter der Erkennungsnummer

eingetragen worden.

...., den......ten.......... .... 190 .

(L. S.)

Liste Nr. ....

Anlage A.

.... , den ten 19

(Wohnung) .... Nr.

1.	Name, Stand und Wohnort des Eigentümers.	
2.	Die Firma, welche das Fahrzeug hergestellt hat.	
3.	Die Bestimmung des Fahrzeugs.	
4.	Die Betriebsart.	
5.	Die Anzahl der Pferdekräfte.	
6.	Das Eigengewicht des Fahrzeugs.	
7.	Das Höchstgewicht der Ladung. (Nur bei Lastkraftwagen).	

D .... zeige ich hiermit an, daß ich das nebenstehend beschriebene Kraftfahrzeug in Betrieb nehmen will. Das Gutachten eines amtlich anerkannten Sachverständigen, welches die Richtigkeit der Angaben unter 4 bis 7 sowie ferner bestätigt, daß das Fahrzeug den polizeilich zu stellenden Anforderungen entspricht, liegt bei. [oder: Eine Bescheinigung, welche die Richtigkeit der Angaben unter 4 bis 7 sowie ferner bestätigt, daß die dem vorzuführenden Fahrzeug entsprechende, fabrikmäßig gefertigte Wagengattung den polizeilichen Anforderungen entspricht, liegt bei.]

Ich beantrage, die Erkennungsnummer für das Fahrzeug anzugeben, einen Termin für seine Vorführung zwecks Abstempelung der Kennzeichen anzusetzen, es demnächst zum Verkehr auf öffentlichen Wegen und Plätzen zuzulassen und die hierüber auszufertigende Bescheinigung an mich auszuhändigen.

(Name) ....

(Stand) ....

An

d ....

zu

....

3*

Anlage B.

Zusammenstellung der Hauptkennzeichen.

1. Preußen:	Ziffer **I** und für die Provinzen die Buchstaben: **A, C, D, E, H, K, M, P, S, T, X, Y, Z,** mithin: **I A, I C** usw.
2. Bayern:	Ziffer **II** u. Buchstaben **A, B** usw.
3. Sachsen (Königreich):	Die Ziffern **I, II, III, IV, V.**
4. Württemberg:	Ziffer **III** u. Buchstaben **A, B** usw.
5. Baden:	" **IV** " " " " "
6. Hessen:	" **V** " " " " "
7. Mecklenburg-Schwerin:	**M I.**
8. Sachsen (Großherzogtum):	**S.**
9. Mecklenburg-Strelitz:	**M II.**
10. Oldenburg:	**O.**
11. Braunschweig:	**B.**
12. Sachsen-Meiningen:	**S M.**
13. Sachsen-Altenburg:	**S A.**
14. Sachsen-Koburg-Gotha:	**K G.**
15. Anhalt:	**A.**
16. Schwarzburg-Rudolstadt:	**S R.**
17 Schwarzburg-Sondershausen:	**S S.**
18. Waldeck:	**W.**
19. Reuß älterer Linie:	**R A.**
20. Reuß jüngerer Linie:	**R J.**
21. Schaumburg-Lippe:	**S L.**
22. Lippe:	**L.**
23. Lübeck:	**H L.**
24. Bremen:	**H B.**
25. Hamburg:	**H H.**
26. Elsaß-Lothringen:	Ziffer **VI** u. Buchstaben **A, B** usw.

Bezeichnung der Amtsstelle: ______________________ **Anlage C.**

Nachweisung der eingegangenen außerdeutschen Kraftfahrzeuge.

Laufende Nr.	Tag der Ausgabe des Kennzeichens	Name, Stand und Wohnort des Einbringers	Firma, die das Fahrzeug hergestellt hat	Art und Bestimmung des Fahrzeugs	Betriebsart	Zahl der Pferdekräfte	Eigengewicht des Fahrzeugs	Höchstgewicht der Ladung (Nur bei Lastkraftwagen)	Nummer des erteilten Kennzeichens	Voraussichtliche Dauer des Aufenthalts im Inland und voraussichtliche Ausgangsstelle	Tag der Rückkunft des Kennzeichens	Ausgangsamt	Seite und Nummer des Gebührenbuchs	Bemerkungen

B.

Auszug aus dem Reichsstempelgesetz

vom 3. Juni 1906

mit den einschlägigen Ausführungs- und Einführungsbestimmungen.

VI. Erlaubniskarten für Kraftfahrzeuge.

(Tarifnummer 8.)[1])

§ 53.

Der Beförderung von Personen dienende Kraftfahrzeuge dürfen zum Befahren öffentlicher Wege und Plätze nur in Gebrauch genommen werden, wenn zuvor bei der zuständigen Behörde gegen Zahlung des Abgabebetrags eine Erlaubniskarte der im Tarife[1]) bezeichneten Art gelöst worden ist. Probefahrten gelten nicht als Ingebrauchnahme im Sinne dieser Vorschrift.[2])

Welche Behörden zur Erteilung der Erlaubniskarten zuständig sind, wird hinsichtlich der das Reichsgebiet berührenden ausländischen Kraftfahrzeuge vom Bundesrat, im übrigen von den Landesregierungen bestimmt.

Auf die nach dem Tarife[1]) befreiten Kraftfahrzeuge findet die Vorschrift des Abs. 1 keine Anwendung. Die verkehrspolizeilichen Vorschriften der Landesgesetze[3]) werden hierdurch nicht berührt.

Ausführungs-Bestimmungen des Bundesrats:

§ 103.

(1) Die zur Erteilung von Erlaubniskarten der in Tarifnummer 8a[1]) bezeichneten Art zuständigen Amtsstellen (Hebestellen) werden durch die Landesregierungen bestimmt und unter Angabe ihrer Geschäftsbezirke öffentlich bekannt gemacht. Ein Verzeichnis der Amtsstellen und etwa später eintretende Änderungen sind

---

[1]) Siehe S. 52. [2]) Siehe S. 41. [3]) Siehe o. S. 5 ff.

dem Reichskanzler zur Veröffentlichung im Zentralblatte für das Deutsche Reich mitzuteilen.

(2) Zur Erteilung von Erlaubniskarten der in Tarifnummer 8b[1]) bezeichneten Art sind sämtliche Grenzzollämter zuständig. Für Grenzstrecken, auf denen die Reichsgrenze mit der Zollgrenze nicht zusammenfällt, findet die Bestimmung des vorhergehenden Absatzes Anwendung.

Vollzugs-Verordnung vom 4. Juli 1906 § 5:

Die Ausstellung von Erlaubniskarten für inländische Kraftfahrzeuge und die Erhebung der Reichsstempelabgabe von solchen Erlaubniskarten (Tarifnummer 8a des Reichsstempelgesetzes) wird den Behörden der Verwaltung der Zölle und indirekten Steuern übertragen.

Vollzugs-Bekanntmachung vom 3. August 1906 Ziff. VI:

1. Zur Erteilung von Erlaubniskarten der in Tarifnummer 8a bezeichneten Art — Steuerkarten für das Inland — sind die Steuerhebestellen der Hauptzollämter, der Zollämter — mit den Salzsteuerämtern Berchtesgaden und Traunstein —, der Nebenzollämter — ausschließlich des Nebenzollamtes II Bödmen — und die Steuerämter für den ihnen jeweils zugeteilten Geschäftsbezirk zuständig.

Die zollangeschlossenen österreichischen Gemeinden Jungholz und Mittelberg sind für die hier in Betracht kommenden Bestimmungen des Reichsstempelgesetzes als Ausland zu behandeln.

Zur Erteilung von Erlaubniskarten für ausländische Kraftfahrzeuge — Tarifnummer 8b —, welche auf der Grenzstrecke gegen die vorerwähnten österreichischen Gemeinden eingehen, sind diejenigen zollbehördlichen Steuerstellen zuständig, in deren Geschäftsbezirk die Fahrzeuge unmittelbar mit dem Übertritte über die mit der Zollgrenze nicht zusammenfallende Reichsgrenze eingebracht werden.

§ 54.

Die Verpflichtung zur Lösung einer nach Tarifnummer 8[1]) versteuerten Erlaubniskarte liegt dem Eigenbesitzer des Kraftfahrzeugs, und wenn ihm gegenüber auf Zeit ein anderer zum Besitze berechtigt ist, auf diese Zeit dem anderen ob. Die Verpflichtung des letzteren fällt weg, wenn ihm das Kraftfahrzeug nur zum vorübergehenden Gebrauch unentgeltlich überlassen worden und die Abgabe für die Ingebrauchnahme des Fahrzeugs bereits anderweit entrichtet ist.

Bei aus dem Ausland eingehenden Kraftfahrzeugen, für welche ein im Inlande wohnhafter oder sich daselbst dauernd aufhaltender Steuerpflichtiger nicht vorhanden ist, ist die Er-

[1]) Siehe S. 52.

laubniskarte von demjenigen zu lösen, der das Kraftfahrzeug im Inland in Gebrauch nimmt.

Ausführungs-Bestimmungen des Bundesrats:

§ 106.

(3) Zur Anmeldung des Kraftfahrzeugs und zur Lösung der Erlaubniskarte ist der Eigenbesitzer des Kraftfahrzeugs verpflichtet. Ist dem Eigenbesitzer gegenüber ein anderer zum Besitze des Kraftfahrzeugs infolge Ermietung oder aus einem anderen Rechtsgrunde zum Gebrauch auf Zeit berechtigt, so ist für diese Zeit der andere zur Anmeldung und Lösung der Erlaubniskarte für seine Person verpflichtet, ohne Rücksicht darauf, ob für den Eigenbesitzer für den gleichen Zeitraum bereits eine Erlaubniskarte ausgestellt ist oder nicht. Die Verpflichtung des andern fällt weg, wenn ihm das Kraftfahrzeug nur zum vorübergehenden Gebrauch unentgeltlich überlassen worden und die Abgabe für die Ingebrauchnahme des Fahrzeugs bereits anderweit entrichtet ist.

Vollzugs-Bekanntmachung vom 3. August 1906 Ziff. VI:

5. Auch bei den aus dem Auslande eingehenden Kraftfahrzeugen obliegt die Lösung der Erlaubniskarte zunächst dem im Inlande wohnhaften oder sich daselbst dauernd aufhaltenden Eigenbesitzer — d. h. demjenigen, der das Fahrzeug als ihm gehörend besitzt (§ 872 BGB.), beziehungsweise dem ihm gegenüber auf Zeit zum Besitze berechtigten, im Inlande wohnhaften oder sich dauernd aufhaltenden Dritten (§ 868 BGB.); nur bei den ausländischen Kraftfahrzeugen, für welche ein solcher Steuerpflichtiger nicht vorhanden ist, hat derjenige die Erlaubniskarte zu lösen, der das Kraftfahrzeug im Inlande in Gebrauch nimmt.

§ 55.

Die Erlaubniskarte wird auf ein Jahr ausgestellt, soweit nicht die Ausstellung auf einen kürzeren Zeitraum beantragt worden ist.

§ 56.

Bei gleichzeitigem Besitze mehrerer Kraftfahrzeuge ist für jedes der Fahrzeuge eine besondere Erlaubniskarte zu lösen.

Stellt der Steuerpflichtige während der Gültigkeitsdauer der Erlaubniskarte an Stelle des bisherigen ein anderes Kraftfahrzeug ein, so ist er zur Entrichtung einer weiteren Stempelabgabe nur insoweit verpflichtet, als die Abgabe hinsichtlich des neuen Fahrzeugs sich höher als die Abgabe für das bisherige Fahrzeug berechnet. Der hiernach sich ergebende Betrag ist nur zur Hälfte zu erheben, wenn der Rest der Gültigkeitsdauer einer gelösten Jahreskarte vier Monate oder weniger beträgt.

Im Falle der Veräußerung eines Kraftfahrzeugs während der Gültigkeitsdauer der Erlaubniskarte kann die Karte auf den Namen des Erwerbers umgeschrieben werden. Letzterer hat alsdann bis zum Ablaufe der Gültigkeitsdauer eine Abgabe nicht zu entrichten. Die Vorschriften des Abs. 2 finden in diesem Falle keine Anwendung.

Ausführungs-Bestimmungen des Bundesrats:

§ 113.

(1) Stellt der Steuerpflichtige während der Gültigkeitsdauer der Erlaubniskarte an Stelle des bisherigen ein anderes Kraftfahrzeug ein, so ist er zu dessen Anmeldung gemäß den §§ 106, 109[1]) auch dann verpflichtet, wenn eine weitere Stempelentrichtung nicht einzutreten hat.

(2) Die Umschreibung der Karte im Falle des § 56 Abs. 2 des Gesetzes hat durch die Erteilung einer neuen Erlaubniskarte, in der auf die frühere Karte Bezug zu nehmen ist, für den Rest der Gültigkeitsdauer der früheren Karte zu erfolgen. Bei Umschreibung einer Karte der in Tarifnummer 8 b bezeichneten Art sind zugleich die auf Grund der früheren Karte im Inlande zugebrachten Aufenthaltstage in der neuen Karte abzuschreiben.

(3) Der Einstellung eines anderen Fahrzeuges im Sinne des § 56 Abs. 2 des Gesetzes und der vorstehenden Bestimmungen ist es gleichzuachten, wenn ein Kraftfahrzeug dergestalt umgebaut wird, daß dadurch der anzuwendende Steuersatz ein anderer wird. Eine Erstattung der Steuer findet in keinem Falle statt.

§ 114.

(1) Im Falle der Veräußerung (Verkauf, Tausch, Schenkung) des Kraftfahrzeugs während der Gültigkeitsdauer der Erlaubniskarte ist auf Antrag des Veräußerers an Stelle der bisherigen Karte für den Rest der Gültigkeitsdauer der letzteren eine neue Karte auf den Namen des Erwerbers ohne Abgabenentrichtung auszustellen. Bei Karten der in Tarifnummer 8 b bezeichneten Art findet hierbei die Bestimmung des § 113 Abs. 2 Satz 2 entsprechende Anwendung. Dem Erwerb infolge Veräußerung ist im Sinne dieser Bestimmung der Erwerb von Todes wegen gleichzustellen. Zur Stellung des Antrags sind in diesem Falle die Erben berechtigt.

(2) Der Antrag ist schriftlich mit einer Anmeldung nach Muster 14[2]) unter Vorlegung der Erlaubniskarte, deren Umschreibung begehrt wird, bei der für den Wohn- oder Aufenthaltsort

---

[1]) Siehe S 41 f. [2]) Siehe S. 55.

des Erwerbers zuständigen Hebestelle zu stellen. Die letztere hat, wenn die ursprüngliche Erlaubniskarte von einer anderen Hebestelle ausgestellt war, diese von der Umschreibung zu benachrichtigen.

§ 115.

Wird nach den vorstehenden Bestimmungen (§§ 111, 113, 114) an Stelle der bisherigen Karte für den Rest der Gültigkeitsdauer der letzteren eine neue Karte ausgestellt, so ist bei Aushändigung der neuen Karte die bisherige Karte einzuziehen und als Beleg zur neuen Anmeldung zu nehmen.

§ 57.

Die Ausstellung der Erlaubniskarte ist spätestens drei Tage vor Ingebrauchnahme des Kraftfahrzeugs, bei im Gebrauche befindlichen Kraftfahrzeugen spätestens am dritten Tage vor Ablauf der Gültigkeitsdauer der alten Erlaubniskarte, die Umschreibung der Erlaubniskarte im Falle des § 56 Abs. 2 spätestens drei Tage vor Ingebrauchnahme des neuen Fahrzeugs bei der für den Wohn- oder Aufenthaltsort des Steuerpflichtigen zuständigen Behörde zu beantragen. Die Landesregierungen sind ermächtigt, andere Fristen vorzuschreiben.

Für aus dem Ausland eingehende Fahrzeuge (§ 54 Abs. 2) ist die Ausstellung der Erlaubniskarte alsbald nach dem Grenzübertritte bei der nächsten zuständigen Behörde zu beantragen.

Der Antrag hat zu enthalten:

1. den Namen, Stand und Wohnort des Steuerpflichtigen,
2. die Bezeichnung des Kraftfahrzeugs nach den für die Erhebung der Abgabe wesentlichen Merkmalen,
3. den Zeitraum, für den die Ausstellung der Erlaubniskarte begehrt wird.

Gleichzeitig mit dem Antrag ist der erforderliche Stempelbetrag einzuzahlen.

Ausführungs-Bestimmungen des Bundesrats s. nach § 58.

§ 58.

Die zur Ausstellung der Erlaubniskarte zuständige Behörde hat Stempelmarken im entsprechenden Betrage zu der Erlaubniskarte zu verwenden und die Stempelmarken zu entwerten.

Die Aushändigung der Erlaubniskarte darf nicht vor Einzahlung des Abgabenbetrags erfolgen.

Die näheren Bestimmungen über Form und Inhalt der Erlaubniskarten trifft der Bundesrat. Er kann anordnen, daß die Entrichtung der Abgabe ohne Verwendung von Stempelmarken zu erfolgen hat.

Ausführungs-Bestimmungen des Bundesrats (zu §§ 57 und 58):

§ 106.

(1) Wenn ein Kraftfahrzeug, für welches eine versteuerte Erlaubniskarte nach Tarifnummer 8a[1]) zu lösen ist, zur Personenbeförderung auf öffentlichen Wegen und Plätzen in Gebrauch genommen werden soll, ist dies mit dem Antrag auf Ausstellung der Erlaubniskarte der zuständigen Hebestelle (§ 103)[2]) schriftlich anzumelden. Als eine Ingebrauchnahme gilt nicht die Vornahme von Probefahrten, d. h. solcher Fahrten, welche von Fabriken oder Händlern mit den zum Verkaufe gestellten Fahrzeugen ohne Entgelt veranstaltet werden.

(2) Zuständig ist die Hebestelle, in deren Geschäftsbezirke der Steuerpflichtige wohnt oder in Ermangelung eines Wohnorts sich aufhält.

(3) Zur Anmeldung des Kraftfahrzeugs und zur Lösung der Erlaubniskarte ist der Eigenbesitzer des Kraftfahrzeugs verpflichtet. Ist dem Eigenbesitzer gegenüber ein anderer zum Besitze des Kraftfahrzeugs infolge Ermietung oder aus einem anderen Rechtsgrunde zum Gebrauch auf Zeit berechtigt, so ist für diese Zeit der andere zur Anmeldung und Lösung der Erlaubniskarte für seine Person verpflichtet, ohne Rücksicht darauf, ob für den Eigenbesitzer für den gleichen Zeitraum bereits eine Erlaubniskarte ausgestellt ist oder nicht. Die Verpflichtung des andern fällt weg, wenn ihm das Kraftfahrzeug nur zum vorübergehenden Gebrauch unentgeltlich überlassen worden und die Abgabe für die Ingebrauchnahme des Fahrzeugs bereits anderweit entrichtet ist.

(4) Die Anmeldung ist innerhalb der von der obersten Landesfinanzbehörde vorgeschriebenen Frist oder, sofern eine solche Frist nicht vorgeschrieben ist, spätestens am dritten Tage vor der beabsichtigten Ingebrauchnahme zu bewirken.

(5) Die Anmeldung hat nach anliegendem Muster 14[3]) zu erfolgen. Vordrucke hiefür sind von der Hebestelle unentgeltlich zu beziehen.

(6) Der Anmeldung ist, sofern die Hebestelle nicht zugleich die zur polizeilichen Zulassung von Kraftfahrzeugen zuständige Behörde ist, eine Bescheinigung der für die Zulassung des Fahrzeugs zum Verkehr auf öffentlichen Wegen und Plätzen zuständigen Polizeibehörde nach Muster 15[4]) beizufügen.

---

[1]) Siehe S. 52. [2]) Siehe S. 36 f. [3]) Siehe S. 55. [4]) Siehe S. 59.

§ 107.

(1) Die Hebestelle prüft die Anmeldung auf ihre Richtigkeit und Vollständigkeit. Die Prüfung hat sich in der Regel auf die Feststellung zu beschränken, daß die Anmeldung mit den Angaben der polizeilichen Bescheinigung übereinstimmt.

(2) Vermag sich die Hebestelle auf die im vorstehenden Absatze bezeichnete Weise von der Richtigkeit und Vollständigkeit der Anmeldung nicht genügende Überzeugung zu verschaffen, so hat sie die Angaben der Anmeldung selbständig zu prüfen. Der Anmeldende ist verpflichtet, ihr jede zu diesem Zwecke dienende Auskunft zu erteilen, die über den Erwerb des Kraftfahrzeugs in seinen Händen befindlichen Urkunden vorzulegen und auf Verlangen das Kraftfahrzeug der Hebestelle vorzuführen.

§ 108.

(1) Nach geschehener Prüfung der Anmeldung setzt die Hebestelle die Stempelabgabe fest und erteilt nach deren Einzahlung eine mit Quittung über die Abgabenentrichtung versehene Erlaubniskarte (Steuerkarte) nach Muster 16.[1]) Die Karte ist aus grauem Schreibleinenersatz in der Größe von 10,5:15,5 cm hergestellt. Sie besitzt einen über die ganze Fläche gehenden Untergrund, der in einem wagerecht schraffierten Oval einen Reichsadler zeigt. Das Oval hat eine Höhe von 6 cm und eine Breite von 4,8 cm.

(2) Die Vordrucke zu den Erlaubniskarten werden in der Reichsdruckerei hergestellt und sind durch die Landesregierungen gegen Erstattung der Herstellungskosten von dort zu beziehen. Die Preise werden vom Reichsschatzamte festgestellt.

(3) Die Reichsdruckerei verabfolgt Vordrucke zu den Erlaubniskarten nur denjenigen Amtsstellen, welche ihr von den Regierungen als berechtigt zum unmittelbaren Bezuge bezeichnet sind.[2])

(4) Eine Verwendung von Stempelmarken zu der Erlaubniskarte findet nicht statt.

§ 109.

(1) Die Ausstellung einer Erlaubniskarte der in der Tarifnummer 8 b[3]) bezeichneten Art ist alsbald nach dem Grenzübertritte bei der nächsten zuständigen Grenzzollstelle (§ 103 Abs. 2)[4]) zu beantragen. Für die Anmeldung dient das Muster 14.[5]) Der Beifügung einer Bescheinigung nach Muster 15[6]) bedarf es nicht. Die Erteilung der Erlaubniskarte hat in Verbindung mit der gleichzeitig durch das Grenzzollamt erfolgenden polizeilichen Zulassung und Kennzeichnung des Fahrzeugs vor sich zu gehen. Die Prüfung der Anmeldung hat sich auf den Augenschein des

---

[1]) Siehe S. 60.

[2]) Vollzugs-Bekanntmachung vom 3. August 1906 Ziff. VI 4:

Die Vordrucke zu den Erlaubniskarten sind durch die Materialverwaltung der Generaldirektion der Zölle und indirekten Steuern von der Reichsdruckerei zu beziehen.

[3]) Siehe S. 52. [4]) Siehe S. 37. [5]) Siehe S. 55. [6]) Siehe S. 59.

Fahrzeugs und auf die Einsicht derjenigen Urkunden zu beschränken, auf Grund deren die Erteilung der polizeilichen Zulassungsbescheinigung erfolgt.

(2) Die Erlaubniskarte (Steuerkarte), welche nach Einzahlung des festgesetzten Abgabebetrags erteilt wird, entspricht dem Muster 17.[1]) Sie ist in Buchform in zwei Ausgaben hergestellt. Die eine, von brauner Farbe und vier Blatt enthaltend, ist für Karten mit fünftägiger Gültigkeitsdauer, die andere, von ziegelroter Farbe und 6 Blatt enthaltend, für Karten mit dreißigtägiger Gültigkeitsdauer bestimmt. Stoff, Blattgröße und Untergrund sind die gleichen wie bei den Steuerkarten für das Inland. Die Karten sind mit schwarz-weiß-roter Seide geheftet; die Enden des Heftfadens sind so lang, daß sie an einer geeigneten Stelle der Außenseiten durch Siegelmarken oder in anderer geeigneter Weise befestigt werden können. Im Bedürfnisfalle sind weitere Blätter mit dem Vordrucke für Ein- und Ausgangsbescheinigungen der Erlaubniskarte anzuheften. Daß und in welchem Umfange dies geschehen, ist auf der Karte zu bescheinigen.

(3) Erlaubniskarten, bei denen einzelne der für die Ein- und Ausgangsbescheinigungen bestimmten Blätter fehlen, verlieren ihre Gültigkeit zur Weiterbenutzung, sofern sich nicht zweifelsfrei ergibt, daß die fehlenden Blätter keine amtlichen Einträge enthalten haben.

§ 112.

(1) Die Polizeibehörden haben bei ihnen zur Anzeige oder sonst zu ihrer Kenntnis gelangende Änderungen, welche in der Person oder dem Wohnorte des Eigenbesitzers eines Personenkraftfahrzeugs, in der Betriebsart oder der Anzahl der Pferdekräfte, ferner durch Umwandlung eines Lastkraftfahrzeugs in ein Personenkraftfahrzeug und umgekehrt eintreten, sowie Änderungen in der polizeilichen Kennzeichnung eines Personenkraftfahrzeugs der zuständigen Hebestelle schriftlich mitzuteilen.

(2) Die Hebestelle trägt die Änderungen in die Bezirksliste (§ 118)[2]) ein. Sie setzt von einer Verlegung des Wohnorts des inländischen Steuerpflichtigen in den Bezirk einer anderen Hebestelle unter Mitteilung eines Auszugs aus der Bezirksliste die Hebestelle für den neuen Wohnort in Kenntnis. Diese hat den Eingang der Mitteilung und die Eintragung in ihre Bezirksliste der ursprünglichen Hebestelle zu bescheinigen, welche hierauf die Eintragung in der eigenen Bezirksliste löscht.

(3) Soweit nach der polizeilichen Mitteilung die Neuausstellung oder die Umschreibung einer Erlaubniskarte zu erfolgen hat und ein entsprechender Antrag vom Steuerpflichtigen nicht inzwischen gestellt worden ist, hat die Hebestelle das weiter Erforliche, gegebenenfalls auch wegen Einleitung des Strafverfahrens, zu veranlassen.

(4) Betrifft die Änderung Umstände, welche zwar die Steuerpflicht nicht berühren, deren Festhaltung aber für die Feststellung

---

[1]) Siehe S. 61. [2]) Siehe S. 44.

der Nämlichkeit des Fahrzeugs von Bedeutung ist, so ist der Steuerpflichtige zur Vorlegung der Erlaubniskarte zu veranlassen, und es ist die Änderung in dieser zu vermerken.

(5) Soweit durch die Änderung eine weitere Steuerpflicht für das Kraftfahrzeug entfällt (Erwerb durch einen Fuhrwerksbesitzer zur gewerbsmäßigen Personenbeförderung, Verwandlung in ein Lastkraftfahrzeug, Untergang des Fahrzeugs), ist, sofern nicht eine Umschreibung der Erlaubniskarte infolge Einstellung eines anderen Kraftfahrzeugs für den bisherigen Besitzer erfolgt (§ 113),[1] der Eintrag in der Bezirksliste nach Ablauf der Gültigkeitsdauer der Karte zu löschen.

§ 116.

Für im Gebrauche befindliche inländische Kraftfahrzeuge ist, soweit durch die Landesregierung nicht eine andere Frist vorgeschrieben ist, spätestens am dritten Tage vor Ablauf der Gültigkeitsdauer der alten die Ausstellung einer neuen Erlaubniskarte bei der Hebestelle zu beantragen. Dies geschieht durch Einreichung einer Anmeldung nach Muster 14[2]) unter Beifügung der ihre Gültigkeit verlierenden Erlaubniskarte und unter Vorlegung der polizeilichen Zulassungsbescheinigung.[3]) Sofern Zweifel darüber nicht bestehen, daß die in den vorgelegten Urkunden enthaltenen Angaben auf das Kraftfahrzeug noch zutreffen, sind diese der Steuerberechnung und der Ausstellung der neuen Karte zu Grunde zu legen. Andernfalls ist eine Prüfung der Anmeldung durch Benehmen mit der Polizeibehörde vorzunehmen. Für die Anmeldung sowie für Entrichtung der Abgabe und Ausstellung der Erlaubniskarte finden die Bestimmungen in den §§ 106 ff. Anwendung.

§ 118.

(1) Über die erteilten Erlaubniskarten wird von jeder Hebestelle eine Bezirksliste nach dem Muster 18[4]) geführt.

(2) Die Polizeibehörden haben aus der von ihnen geführten Liste der zugelassenen Kraftfahrzeuge in vierteljährlichen Zeitabschnitten bis zum 5. des auf den Schluß des Kalendervierteljahrs folgenden Monats der zuständigen Hebestelle einen Auszug zu übersenden, welcher dem Anmeldungsbuche bei Einsendung an die Direktivbehörde zur Prüfung beizufügen ist.

§ 59.

Soweit nach den verkehrspolizeilichen Bestimmungen für Kraftfahrzeuge die Führung polizeilicher Kennzeichen vorgeschrieben ist, darf die Zuteilung oder die Ausgabe der Kennzeichen nur gegen Vorlegung der ordnungsmäßig versteuerten Erlaubniskarte erfolgen.

---

[1]) Siehe o. S. 39. [2]) Siehe S. 55. [3]) Siehe S. 30. [4]) Siehe S. 63.

Im Falle nicht rechtzeitiger Lösung einer neuen Erlaubniskarte hat die Polizeibehörde, und zwar, wenn sie nicht selbst die zur Ausstellung der Erlaubniskarte zuständige Behörde ist, auf Antrag der letzteren, die Beschlagnahme des für das im Gebrauche befindliche Kraftfahrzeug amtlich ausgegebenen Kennzeichens zu bewirken.

Ausführungs-Bestimmungen des Bundesrats:

§ 117.

(1) Ist bis zum Ablaufe der Gültigkeitsdauer einer gemäß Tarifnummer 8a[1]) ausgestellten Erlaubniskarte die Erneuerung seitens des Steuerpflichtigen nicht beantragt worden, so ist, soweit nicht die Bestimmung des § 112 Abs. 5[2]) Platz greift, der Steuerpflichtige mit kurzer Frist hieran zu erinnern, nötigenfalls unter der Androhung, daß vorbehaltlich der Einleitung des Strafverfahrens, bei Nichterneuerung der Erlaubniskarte die Beschlagnahme des für das Kraftfahrzeug amtlich ausgegebenen Kennzeichens bei der zuständigen Polizeibehörde werde beantragt werden. Die Erinnerung ist mit der Aufforderung zu verbinden, der Hebestelle Mitteilung zu machen, falls sich das Fahrzeug nicht mehr im Besitze des Steuerpflichtigen befindet oder davon kein die weitere Steuerpflicht begründender Gebrauch mehr gemacht wird.

(2) Erledigt sich hiernach innerhalb der gesetzten Frist die Ausstellung einer neuen Karte nicht und wird auch nicht der Antrag auf Erneuerung der Erlaubniskarte gestellt, so ist entsprechend der Androhung zu verfahren.

§ 60.

Der Führer des Kraftfahrzeugs hat die Erlaubniskarte unterwegs stets bei sich zu führen. Er ist verpflichtet, sie auf Verlangen den sich durch ihre Dienstkleidung oder sonst ausweisenden Grenz- und Steueraufsichtsbeamten sowie den Aufsichtsbeamten der Polizeiverwaltung zum Nachweise der Erfüllung der Stempelpflicht vorzuzeigen und nötigenfalls die erforderliche Auskunft zu geben. Ein in der Fahrt begriffenes Kraftfahrzeug darf indessen lediglich aus diesem Anlaß außer im Grenzbezirke nicht angehalten werden.

§ 61.

Die Nichterfüllung der Steuerpflicht wird mit einer

---

[1]) Siehe S. 52. [2]) Siehe S. 44.

Geldstrafe bestraft, welche dem fünf- bis zehnfachen Betrage der Abgabe für eine Jahreskarte gleichkommt.

Die Strafe trifft besonders und zum vollen Betrage jeden, der die ihm obliegende Verpflichtung zur Entrichtung der Abgabe nicht rechtzeitig erfüllt.

Kann der Betrag der hinterzogenen Abgabe nicht festgestellt werden, so tritt statt der im Abs. 1 bezeichneten Strafe eine Geldstrafe von einhundertfünfzig bis viertausend Mark für den einzelnen Fall ein.

Zur Sicherstellung der vorenthaltenen Abgabe, der Strafe und der Kosten kann das Kraftfahrzeug in Beschlag genommen werden.

§ 62.

Durch die Vorschriften dieses Gesetzes wird die Erhebung landesgesetzlicher Gebühren für die Feststellung der Verkehrstauglichkeit des Kraftfahrzeugs und für die amtliche Kennzeichnung der Kraftfahrzeuge nicht ausgeschlossen. Der Bundesrat ist ermächtigt, für die hiernach zulässigen Gebühren Höchstsätze vorzuschreiben.

Im übrigen unterliegen Erlaubniskarten für Kraftfahrzeuge, für welche eine Reichsstempelabgabe nach den Vorschriften dieses Gesetzes zu entrichten ist, keiner weiteren Stempelabgabe (Taxe, Sportel usw.) in den einzelnen Bundesstaaten.

VIII. Allgemeine Bestimmungen.

§ 67.

Der Bundesrat erläßt die Anordnungen wegen der Anfertigung und des Vertriebs der nach Maßgabe dieses Gesetzes zu verwendenden Stempelmarken und gestempelten Formulare sowie die Vorschriften über die Form der Schlußnoten und über die Art der Verwendung der Marken. Er stellt die Bedingungen fest, unter welchen für verdorbene Marken und Formulare sowie für Stempel auf verdorbenen Wertpapieren Erstattung zulässig ist.

§ 68.

Stempelmarken, welche nicht in der vorgeschriebenen Weise verwendet worden sind, werden als nicht verwendet angesehen.

§ 69.

Der Anspruch auf Zahlung der nach diesem Gesetze zu entrichtenden Abgaben unterliegt der Verjährung.

Auf die Verjährung finden die Vorschriften des Bürgerlichen Gesetzbuchs und des Artikel 169 des Einführungsgesetzes zum Bürgerlichen Gesetzbuche mit folgenden Maßgaben Anwendung:

Die Verjährungsfrist beträgt fünf Jahre.

Die Verjährung beginnt, unbeschadet der Vorschrift des § 201 Satz 2 des Bürgerlichen Gesetzbuchs, in dem Falle des § 1 Abs. 1 mit dem Schlusse des Jahres, in dem die Vorlegung der Wertpapiere bei der Steuerstelle erfolgt, in den übrigen Fällen mit dem Schlusse des Jahres, in dem der Anspruch fällig wird.

Die Verjährung wird auch unterbrochen durch eine an den Zahlungspflichtigen erlassene Aufforderung zur Zahlung oder durch die Bewilligung einer von ihm nachgesuchten Stundung. Wird die Verjährung unterbrochen, so beginnt eine neue Verjährung nicht vor dem Schlusse des Jahres, in welchem der für die Beendigung der Unterbrechung maßgebende Zeitpunkt eintritt, und im Falle der Bewilligung einer Stundung nicht vor dem Schlusse des Jahres, in welchem die bewilligte Frist abläuft.

§ 70.

In Beziehung auf die Verpflichtung zur Entrichtung der in diesem Gesetze festgestellten Abgaben ist der Rechtsweg zulässig. Die Klage ist bei Verlust des Klagerechts binnen sechs Monaten nach erfolgter Beitreibung oder mit Vorbehalt geleisteter Zahlung zu erheben. Für die Berechnung dieser Frist sind die Bestimmungen der Zivilprozeßordnung maßgebend. Zuständig sind ohne Rücksicht auf den Wert des Streitgegenstandes die Landgerichte. Soweit bei denselben Kammern für Handelssachen bestehen, gehört der Rechtsstreit vor diese. Die Revision sowie die Beschwerde gegen Entscheidungen der Oberlandesgerichte geht an das Reichsgericht.

§ 71.

Zuwiderhandlungen gegen die Vorschriften dieses Gesetzes oder gegen die zu dessen Ausführung erlassenen Vorschriften, die im Gesetze mit keiner besonderen Strafe belegt sind, ziehen eine Ordnungsstrafe bis zu einhundertfünfzig Mark nach sich.

Dieselbe Strafe tritt ein, wenn in den Fällen der §§ 2, 22, 30, 40, 48, 61 und 66 aus den Umständen sich ergibt, daß eine Steuerhinterziehung nicht hat verübt werden können oder nicht beabsichtigt worden ist.

§ 72.

Die auf Grund dieses Gesetzes zu verhängenden Strafen sind bei Genossenschaften und Aktiengesellschaften gegen die Vorstandsmitglieder, bei Kommanditgesellschaften gegen die persönlich haftenden Gesellschafter, bei offenen Handelsgesellschaften gegen die Gesellschafter nur im einmaligen Betrage, jedoch unter Haftbarkeit jedes einzelnen als Gesamtschuldner festzusetzen. Ebenso ist in anderen Fällen zu verfahren, in denen bei einem Geschäfte mehrere Personen als Vertreter desselben Kontrahenten oder als gemeinschaftliche Kontrahenten beteiligt sind.

Auf die Verhängung der im § 23 vorgeschriebenen Rückfallsstrafe finden diese Bestimmungen keine Anwendung.

§ 73.

Hinsichtlich des administrativen Strafverfahrens wegen der Zuwiderhandlungen gegen dieses Gesetz, der Strafmilderung und des Erlasses der Strafe im Gnadenwege, der Vollstreckung der Strafe sowie der Verjährung der Strafverfolgung finden die Vorschriften in § 17 Satz 1, §§ 18 und 19 des Gesetzes vom 10. Juni 1869, betreffend die Wechselstempelsteuer, sinngemäße Anwendung.[1]) Die auf Grund des gegenwärtigen Gesetzes erkannten Geldstrafen fallen dem Fiskus

---

[1]) Bezüglich der Zuständigkeit vgl. § 6 der Vollzugs-Verordnung vom 4. Juli 1906 und Abschnitt X der Vollzugs-Bekanntmachung vom 3. August 1906.

Die angeführten Vorschriften des Wechselstempelsteuer-Gesetzes lauten:

§ 17.

Wechselstempel-Hinterziehungen (§ 15) verjähren in fünf Jahren, von dem Tage der Ausstellung des Wechsels an gerechnet.

desjenigen Staates zu, von dessen Behörden die Strafentscheidung erlassen ist.

§ 74.

Die Verwandlung einer Geldstrafe, zu deren Zahlung der Verpflichtete unvermögend ist, in eine Freiheitsstrafe findet nicht statt. Auch darf zur Beitreibung von Geldstrafen ohne Zustimmung des Verurteilten, wenn dieser ein Deutscher ist, kein Grundstück subhastiert werden.

§ 75.

Unter den in diesem Gesetz erwähnten Behörden und Beamten sind, soweit das Gesetz nichts anderes bestimmt, die betreffenden Landesbehörden und Landesbeamten verstanden.

Welche dieser Behörden und Beamten die in dem Gesetz als zuständig bezeichneten sind, bestimmen, sofern das Gesetz nichts anderes verfügt, die Landesregierungen.

Den letzteren liegt auch die Kontrolle über die betreffenden Behörden und Beamten ob.

§ 76.

Die in den einzelnen Bundesstaaten mit der Beaufsichtigung des Stempelwesens beauftragten Behörden und

---

§ 18.

In Betreff der Feststellung, Untersuchung und Entscheidung der Wechselstempel-Hinterziehung und der Vollstreckung der Strafe, sowie in Betreff der Strafmilderung und des Erlasses der Strafe im Gnadenwege kommen die Vorschriften zur Anwendung, nach welchen sich das Verfahren wegen Vergehen gegen die Zollgesetze — in den von der gemeinschaftlichen Zollgrenze ausgeschlossenen Bezirken aber das Verfahren wegen Vergehen gegen die Stempelgesetze — bestimmt.

Die im § 15 vorgeschriebenen Geldbußen fallen dem Fiskus desjenigen Staates zu, von dessen Behörden die Strafentscheidung erlassen ist.

§ 19.

Jede von einer nach § 18 zuständigen Behörde wegen Wechselstempel-Hinterziehung einzuleitende Untersuchung und zu erlassende Strafentscheidung kann auch auf diejenigen Inhaber des Wechsels, welche anderen Bundesstaaten angehören, ausgedehnt werden. Die Strafvollstreckung ist nötigenfalls durch Requisition der zuständigen Behörden und Beamten des Staates zu bewirken, in dessen Gebiete die Vollstreckungsmaßregel zur Ausführung kommen soll.

Die Behörden und Beamten der Bundesstaaten sollen sich gegenseitig tätig und ohne Verzug den verlangten Beistand in allen gesetzlichen Maßregeln leisten, welche zur Entdeckung oder Bestrafung der Wechselstempel-Hinterziehungen dienlich sind.

Beamten haben die ihnen obliegenden Verpflichtungen mit den gleichen Befugnissen, wie sie ihnen hinsichtlich der nach den Landesgesetzen zu entrichtenden Stempelabgaben zustehen, auch hinsichtlich der in diesem Gesetze bestimmten Abgaben wahrzunehmen.

Der Prüfung in bezug auf die Abgabenentrichtung unterliegen alle diejenigen, welche abgabepflichtige Geschäfte der in Nr. 4 des Tarifs bezeichneten Art oder die Beförderung von Gütern oder Personen (Nr. 6 und 7 des Tarifs) gewerbsmäßig betreiben oder vermitteln.

Den revidierenden Beamten sind alle bezüglichen Schriftstücke und erforderlichenfalls auch die Geschäftsbücher zur Einsicht vorzulegen.

Von anderen als den im Abs. 2 bezeichneten Personen kann die Steuerdirektivbehörde die Einreichung der auf bestimmt zu bezeichnende abgabepflichtige Geschäfte bezüglichen Schriftstücke verlangen.

§ 77.

Außerdem haben die Reichsbehörden, die Behörden und Beamten der Bundesstaaten und Kommunen, die von Handelsvorständen eingesetzten Sachverständigenkommissionen und Schiedsgerichte sowie die Notare die Verpflichtung, die Besteuerung der ihnen vorkommenden Urkunden zu prüfen und die zu ihrer Kenntnis gelangenden Zuwiderhandlungen gegen dieses Gesetz bei der zuständigen Behörde zur Anzeige zu bringen.

§ 78.

Der Bundesrat ordnet an, in welchen Fällen bei administrativen Straffestsetzungen Sachverständige zu hören sind; solche sind, wo Handelsvorstände bestehen, von diesen zu bezeichnen.

Die Handelsvorstände können unter Berücksichtigung der besonderen Verhältnisse und Gewohnheiten ihres Bezirkes zum Zwecke der Durchführung des Gesetzes und Sicherung der Entrichtung der Abgaben reglementarische Anordnungen erlassen; letztere bedürfen der Zustimmung der Landesregierungen.

§ 79.

Bezüglich der Vollstreckbarkeit und des Vollstreckungsverfahrens werden die Reichsstempelabgaben den Landesabgaben gleichgeachtet.

§ 80.

Die Kassen des Reichs sind von der Entrichtung der durch dieses Gesetz unter Tarifnummer 1, 2, 3 angeordneten Abgaben befreit.

Andere subjektive Befreiungen finden, soweit nicht ausdrücklich Ausnahmen angeordnet sind, nicht statt.

Wegen der Entschädigung für die Aufhebung solcher Befreiungen, welche etwa auf lästigen Privatrechtstiteln beruhen, sowie wegen der Erstattung der von solchen Berechtigten entrichteten Stempelbeträge, kommen die entsprechenden Bestimmungen des Gesetzes, betreffend die Wechselstempelsteuer (§ 26 Abs. 2—4), zur Anwendung.

§ 81.

Jedem Bundesstaate wird von der jährlichen Einnahme, welche in seinem Gebiet aus dem Verkaufe von Stempelmarken oder gestempelten Blanketts oder durch bare Einzahlung von Reichsstempelabgaben erzielt wird, mit Ausnahme der Steuer von Losen der Staatslotterien, der Betrag von zwei Prozent aus der Reichskasse gewährt.

§ 82.

Der Ertrag der Abgaben fließt nach Abzug

1. der auf dem Gesetz oder auf allgemeinen Verwaltungsvorschriften beruhenden Steuererlasse und Steuererstattungen,
2. der nach Vorschrift des § 81 zu berechnenden Erhebungs- und Verwaltungskosten

in die Reichskasse. Der Reinertrag der in Tarifnummer 1 bis 5 bezeichneten Abgaben ist, soweit nicht § 5 des Gesetzes, betreffend die Wetten bei öffentlich veranstalteten Pferderennen, vom 4. Juli 1905 (Reichs-Gesetzbl. S. 595) ein anderes bestimmt, den einzelnen Bundesstaaten nach dem Maßstabe der Bevölkerung, mit welcher sie zu den Matrikularbeiträgen herangezogen werden, zu überweisen.

Tarifnummer 8 (Erlaubniskarten für Kraftfahrzeuge).

Gegenstand der Besteuerung	Steuersatz M.	Steuersatz ₰	Berechnung der Stempelabgabe
a) Erlaubniskarten für Kraftfahrzeuge zur Personenbeförderung auf öffentlichen Wegen und Plätzen, und zwar:			von jeder einzelnen Karte
1. für Krafträder	10	—	
2. für Kraftwagen			
a) von nicht mehr als 6 Pferdekräften	25	—	
b) von über 6, jedoch nicht mehr als 10 Pferdekräften	50	—	
c) von über 10, jedoch nicht mehr als 25 Pferdekräften	100	—	
d) von über 25 Pferdekräften	150	—	
als Grundbetrag;			
außerdem zu 2: von jeder Pferdekraft oder einem Teile einer Pferdekraft			
falls das Fahrzeug nicht mehr als 6 Pferdekräfte hat	2	—	
falls dasselbe über 6, jedoch nicht mehr als 10 Pferdekräfte hat	3	—	
falls dasselbe über 10, jedoch nicht mehr als 25 Pferdekräfte hat . . .	5	—	
im übrigen	10	—	
Die Abgabe ermäßigt sich um die Hälfte, wenn die Ausstellung der Erlaubniskarte für einen vier Monate nicht übersteigenden Zeitraum beantragt wird.			
b) Erlaubniskarten für Kraftfahrzeuge von im Auslande wohnenden Besitzern (§ 54 Abs. 2) zur Personenbeförderung auf öffentlichen Wegen und Plätzen bei vorübergehender Benutzung des Kraftfahrzeugs im Inland, und zwar bei Benutzung:			von der einzelnen Karte. Bei mehr als dreißigtägigem Aufenthalt ist eine Karte der zu a bezeichneten Art zu lösen, für die der gezahlte Stempelbetrag in Anrechnung gebracht wird.
1. während eines nicht mehr als dreißig Tage im Jahre betragenden Aufenthalts im Inlande für Krafträder . .	3	—	
2. a) während eines nicht mehr als fünf Tage im Jahre betragenden Aufenthalts im Inlande für Kraftwagen	15	—	
b) während eines mehr als fünf Tage bis zu höchstens dreißig Tagen im Jahre betragenden Aufenthalts im Inlande für Kraftwagen	40	—	

Eine Befreiung von der Stempelabgabe findet statt:
1. hinsichtlich derjenigen Kraftfahrzeuge, welche zur ausschließlichen Benutzung im Dienste des Reichs, eines Bundesstaats oder einer Behörde bestimmt sind;
2. hinsichtlich solcher Kraftfahrzeuge, die ausschließlich der gewerbsmäßigen Personenbeförderung dienen.

Ausführungs-Bestimmungen des Bundesrats:

§ 104.

Fahrzeuge, die aus einem Kraftrad und einem damit fest oder mittels Kuppelung verbundenen besonderen Sitze auf eigenem Rade oder eigenen Rädern seitlich neben dem Kraftrade bestehen, sind als Kraftwagen zu behandeln. Im übrigen ist es Frage der tatsächlichen Feststellung im einzelnen Falle, ob ein Kraftfahrzeug als Kraftwagen oder als Kraftrad anzusehen ist.

§ 105.

Zu den von der Abgabe befreiten Kraftfahrzeugen sind auch die Mannschaftswagen der Feuerwehren zu rechnen, sofern sie nur zu dienstlichen Zwecken benutzt werden.

§ 110.

(1) Die fünf oder dreißig Tage des inländischen Aufenthalts, für welche die Erlaubniskarte für ausländische Kraftfahrzeuge Gültigkeit hat, brauchen nicht unmittelbar aufeinander zu folgen. Die Erlaubniskarte muß daher bei jedem Grenzübertritte zur Bescheinigung des Einganges oder Ausganges dem Grenzzollamte vorgelegt werden.[1]) Die Eingangsbescheinigung hat gleichzeitig das zugeteilte Kennzeichen, die Ausgangsbescheinigung außerdem die Zahl der im Inlande zugebrachten Tage in der dafür vorgesehenen Spalte zu enthalten. Jeder auch nur teilweis im Inlande zugebrachte Kalendertag ist dabei als ein Tag des Aufenthalts im Inlande zu rechnen. Der Grenzübertritt braucht nicht immer bei demselben Amte zu geschehen.

(2) Unterbleibt die Vorlegung der Erlaubniskarte beim Ausgange, so ist der ganze seit dem Tage des zuletzt bescheinigten Einganges bis zur freiwilligen Meldung dieser Unterlassung bei einem Grenzzollamt oder bis zur anderweiten Entdeckung verflossene Zeitraum als im Inlande zugebracht anzunehmen, sofern nicht der Inhaber der Erlaubniskarte durch Eingangsbescheinigung der gegenüberliegenden fremdstaatlichen Zollstelle oder auf andere Weise den einwandsfreien Nachweis erbringt, daß der Wiederausgang zu einem früheren Zeitpunkt erfolgt ist.

§ 111.

(1) Die wiederholte Ausstellung einer Erlaubniskarte mit Gültigkeit für fünf oder für dreißig Aufenthaltstage innerhalb desselben Jahreszeitraums ist unstatthaft.

(2) Soll für einen ausländischen Kraftwagen, für welchen eine Erlaubniskarte mit Gültigkeit für nur fünf Aufenthaltstage ausgestellt ist, der Aufenthalt innerhalb des in der Karte bezeichneten Jahreszeitraums auf höchstens dreißig Tage verlängert werden, so ist die Ausstellung einer Karte der in Tarifnummer 8b

---

[1]) Als dasjenige Zollamt, welchem beim jedesmaligen Grenzübertritte auf der Grenzstrecke gegen die österreichischen Gemeinden Jungholz und Mittelberg die Erlaubniskarte zur Bescheinigung vorzulegen ist, wurde von der Generaldirektion der Zölle und indirekten Steuern auf Grund der Ziffer VI, 6 der Vollzugs-Bekanntmachung vom 3. August 1906 das Nebenzollamt I Oberstdorf und das Nebenzollamt II Unterjoch bestimmt. Vollz.-Vorschr. v. 14. August 1906 Ziff. 4, Amtsbl. S. 1111.

unter Nr. 2 b bezeichneten Art durch eine Anmeldung nach **Muster 14**[1]) auf den Rest dieses Zeitraums zu beantragen. Der auf die zuerst gelöste Erlaubniskarte gezahlte Stempelbetrag ist in diesem Falle auf die neue Erlaubniskarte in Anrechnung zu bringen, und es sind in dieser die auf Grund der früheren Erlaubniskarte im Inlande zugebrachten Aufenthaltstage abzuschreiben.

(3) War für ein ausländisches Kraftfahrzeug eine Erlaubniskarte mit Gültigkeit für fünf oder dreißig Aufenthaltstage gelöst und soll der Aufenthalt innerhalb des in der Karte festgesetzten Jahreszeitraums auf mehr als dreißig Tage verlängert werden, so ist die Ausstellung einer Jahreskarte der in Tarifnummer 8a bezeichneten Art für den gleichen Jahreszeitraum zu beantragen. Der für die frühere Karte gezahlte Stempelbetrag ist in diesem Falle auf die neue Karte in Anrechnung zu bringen. Die Ausstellung einer Erlaubniskarte mit viermonatiger Gültigkeitsdauer (Tarifnummer 8 a Abs. 2) unter Anrechnung des für die bisherige Karte (Tarifnummer 8 b) gezahlten Stempelbetrags ist nur in der Art zulässig, daß der viermonatige Zeitraum von dem ersten, auf die frühere Karte im Inlande verbrachten Aufenthaltstage an gerechnet wird, und daß er nicht über den Jahreszeitraum, für welchen die frühere Karte ausgestellt ist, hinausreicht.

(4) Dem Steuerpflichtigen steht frei, für das ausländische Kraftfahrzeug an Stelle einer Erlaubniskarte der in Tarifnummer 8 b bezeichneten Art sogleich eine Inlandskarte (Tarifnummer 8 a) zu lösen.

(5) Der Antrag auf Ausstellung der Erlaubniskarte ist in den Fällen der Abs. 3, 4 bei der nächsten zur Erteilung von Inlandskarten zuständigen Hebestelle gemäß § 106[2]) anzubringen. Soll oder kann die Inlandskarte erst nach Eintritt des Kraftfahrzeugs in das Reichsgebiet gelöst werden, und ist die zuständige Hebestelle nicht zugleich die Grenzzollstelle, so hat die Anmeldung auch bei der Grenzzollstelle zu erfolgen. Die Grenzzollstelle ist befugt, die Hinterlegung einer der Stempelabgabe für eine Karte mit dreißigtägiger Gültigkeit entsprechenden Sicherheit zu fordern. Sie hat über die Anmeldung und die Sicherheitsleistung eine Bescheinigung zu erteilen, welche innerhalb der darin bezeichneten Frist bis zur Lösung der Inlandskarte als Ausweis gilt. Die Sicherheitsleistung ist gegen Vorweis der gelösten Inlandskarte zurückzugeben.

§ 115

Wird nach den vorstehenden Bestimmungen (§§ 111, 113, 114) an Stelle der bisherigen Karte für den Rest der Gültigkeitsdauer der letzteren eine neue Karte ausgestellt, so ist bei Aushändigung der neuen Karte die bisherige Karte einzuziehen und als Beleg zur neuen Anmeldung zu nehmen.

---

[1]) Siehe S. 55. [2]) Siehe S. 41.

Muster 14.

Eingegangen den .... 19 ..
Nr. .... des Anmeldungsbuchs.
(Amtsstempelabdruck.)

Anmeldung eines Kraftfahrzeugs

zum Zwecke der

Erteilung einer Erlaubniskarte zur Personenbeförderung auf öffentlichen Wegen und Plätzen aus Anlaß

a) der erstmaligen Einstellung eines Kraftfahrzeugs,
b) des Ersatzes eines Kraftfahrzeugs durch ein anderes,
c) des Ablaufs der Gültigkeitsdauer einer erteilten Erlaubniskarte,
d) der Umschreibung einer Erlaubniskarte auf eine andere Person.

(Nicht Zutreffendes ist durchzustreichen.)

Anmeldung von Steuerpflichtigen.

Laufende Nummer	Des Anmeldenden: Name, Stand und Wohnung	Des Anmeldenden: Verhältnis zum Fahrzeuge	Des in Gebrauch zu nehmenden Kraftfahrzeugs: Gattung	Herstellungs-Firma	Betriebsart	Anzahl der Pferdekräfte	Eigengewicht kg	Anträge a) in bezug auf die Gültigkeitsdauer der beantragten Erlaubniskarte, b) andere
1	2	3	4	5	6	7	8	9
1.	*Paul Schwenzow, Fabrikbesitzer zu Unkel a. Rh.*	*Eigentümer.*	*Kraftwagen.*	*Gebrüder Daimler, Motorengesellschaft zu Cannstatt.*	*Benzinmotor*	$9^1/_2$	*326*	*a) Auf 1 Jahr vom 15. Juli d. J. ab.*

Unkel a. Rhein, den 13. Juli 1906.

Paul Schwenzow.

oder:

Laufende Nummer	Name, Stand und Wohnung	Verhältnis zum Fahrzeuge	Gattung	Herstellungs-Firma	Betriebsart	Anzahl der Pferdekräfte	Eigengewicht kg	Anträge
	Paul Schwenzow, Fabrikbesitzer zu Unkel a. Rh.	*Eigentümer.*	*Kraftwagen.*	*Gebrüder Daimler, Motorengesellschaft zu Cannstatt.*	*Benzinmotor*	*14*	*372*	*a) Bis zum 14. Juli 1907.* *b) Ich beantrage für das neben angemeldete Kraftfahrzeug, welches an Stelle des von mir bisher benutzten Fahrzeugs (Erlaubniskarte Nr. 10 des Hauptsteueramts Neuwied vom Jahre 1906) tritt, Ausstellung einer Erlaubniskarte auf den Rest der Gültigkeitsdauer der vorbezeichneten, hiermit eingereichten Erlaubniskarte unter Anrechnung der bereits gezahlten Stempelsteuer.*

Unkel a. Rhein, den 20. September 1906.

Paul Schwenzow.

Ergebnisse der Prüfung der Anmeldung.						Abgabenberechnung.					
Des angemeldeten Fahrzeugs						Es sind zu erheben					Bemerkungen
							für die Pferdekräfte (Sp 13)				
Gattung	Herstellungsfirma	Betriebsart	Anzahl der Pferdekräfte	Eigengewicht kg	polizeiliches Kennzeichen	Grundbetrag M	im einzelnen M	zusammen M	insgesamt Sp. 16 u. Sp. 18. M	Der Betrag in Sp. 19 ist nachgewiesen im Einnahmebuch unter Nr.	
10	11	12	13	14	15	16	17	18	19	20	21
Wie in Sp. 4—8 angemeldet					*I. Z. 42*	*50* —	*3* —	*30* —	*80* —	*36*	*Erlaubniskarte Nr. 10 der Bezirksliste erteilt auf die beantragte Zeitdauer*

Neuwied, den 14. Juli 1906.

Königliches Hauptsteueramt.

(Amtsstempelabdruck.)

(Unterschriften.)

oder:

Wie in Sp. 4—8 angemeldet					*I. Z. 42*	*100* —	*5* —	*70* —	*170* —		*Erlaubniskarte Nr. 25 der Bezirksliste erteilt auf die beantragte Zeitdauer.*
Anzurechnen sind auf Grund der beiliegenden ausser Kraft tretenden Erlaubniskarte						— —	— —	— —	*80* —		
bleiben noch zu erheben						— —	— —	— —	*90* —	*95*	

Neuwied, den 22. September 1906.

Königliches Hauptsteueramt.

(Amtsstempelabdruck.)

(Unterschriften.)

Muster 15.

Beleg
zur Anmeldung Nr. ....

Das *Königliche Hauptsteueramt* zu *Neuwied* wird hierdurch benachrichtigt, daß bei der polizeilichen Prüfung eines Kraftfahrzeugs, dessen Zulassung und Kennzeichnung seitens des *Fabrikbesitzers Paul Schwenzow* zu *Unkel a. Rhein* beantragt worden ist, nachstehende Ergebnisse festgestellt worden sind:

Name, Stand, Wohnort des Eigentümers	Des geprüften Kraftfahrzeugs					Bemerkungen
	Gattung	Herstellungs-Firma	Betriebs-Art	Anzahl der Pferdekräfte	Eigengewicht kg	
Paul Schwenzow, Fabrikbesitzer zu Unkel a. Rhein	*Kraftwagen*	*Gebrüder Daimler, Motorengesellschaft zu Cannstatt*	*Benzinmotor*	$9^1/_2$	*326*	

Das vorstehend bezeichnete Kraftfahrzeug ist für den Verkehr auf öffentlichen Wegen und Plätzen zugelassen und wird nach Vorlegung der ordnungsmäßig versteuerten Erlaubniskarte das polizeiliche Kennzeichen

I. Z. 42.

zugeteilt erhalten.

Unkel a. Rhein, den *12. Juli 1906.*

Die Polizeibehörde.
von Altrock,
Bürgermeister.

(Seite 1 verkleinert.) **Muster 16.**

Steuerkarte

gültig auf die Zeit vom .... 19 ..... bis .... 19 ....

ausgestellt für

.... in ....

zu dem nachstehend beschriebenen Kraftfahrzeuge:

Polizeiliches Kennzeichen	Art des Fahrzeugs. Hersteller	Betriebsart	Anzahl der Pferdekräfte	Eigengewicht	Eigenbesitzer
			in Buchstaben		

Zur Beachtung: Diese Steuerkarte ist bei der Benutzung des Fahrzeugs auf öffentlichen Wegen und Plätzen stets mitzuführen und den Zoll- und Steuerbeamten sowie den Polizeibeamten auf Verlangen vorzuzeigen.

(Seite 2 verkleinert.)

(Nicht Zutreffendes ist zu streichen.)

Von .... ist die Reichsstempelabgabe für das vorseitig beschriebene Kraftfahrzeug auf die Gültigkeitsdauer dieser Karte mit .... M. .... Pf.,

in Buchstaben: .... M. .... Pf.

entrichtet worden. —

— Diese Steuerkarte tritt an Stelle der Steuerkarte Nr. .... der Bezirksliste de .... in ....

— Eine Abgabe war hierbei nicht zu erheben.

Nr. ____________ der Bezirksliste.

Nr. ____________ des Einnahmebuchs.

Amtsstempelabdruck.

____________ , den ____________ 19

(Hebestelle)

____

(Unterschriften)

____

Zur Beachtung: Überlässt der Eigenbesitzer das Kraftfahrzeug auf Zeit einem anderen zu Besitz, so hat auf diese Zeit auch der andere für seine Person eine Steuerkarte zu lösen, sofern es sich nicht bloss um eine unentgeltliche Überlassung zum vorübergehenden Gebrauche handelt.

(Seite 1 verkleinert.) **Muster 17.**

Steuerkarte

gültig für .... Aufenthaltstage im Inlande während der

Zeit vom .... 19 .... bis zum .... 19 ....

ausgestellt für

....

zu dem nachstehend beschriebenen Kraftfahrzeuge:

(Art und Betriebsart des Fahrzeugs): ....

(Besondere Kennzeichen: Fabrikmarke, Pferdekräfte, Eigengewicht) ....

....

....

Zur Beachtung: **Diese Steuerkarte ist bei der Benutzung des Fahrzeugs auf öffentlichen Wegen und Plätzen stets mitzuführen und den Zoll- und Steuerbeamten sowie den Polizeibeamten auf Verlangen vorzuzeigen. Sie muss bei jedem Grenzübertritte zur Bescheinigung des Ein- oder Ausganges dem Grenzzollamte vorgelegt werden.**

(Seite 2 verkleinert.)

(Nicht Zutreffendes ist zu streichen.)

Von .... ist die Reichsstempelabgabe für das vorseitig beschriebene Kraftfahrzeug auf die Gültigkeitsdauer dieser Karte mit .... M. .... Pf.,

in Buchstaben: .... M. .... Pf.

entrichtet worden.

— Diese Steuerkarte tritt an Stelle der Steuerkarte Nr. .... der Bezirksliste de .... in ....

— Eine Abgabe war hierbei nicht zu erheben. —

........................, **den** **19**

Nr. ....

der Bezirksliste.

Amts-
stempel.

(Hebestelle)

....

Nr. ....

des Einnahmebuchs.

(Unterschriften)

....

(Seite 3 nicht verkleinert)

Eingegangen am	Polizeiliches Kennzeichen:	Übertrag: Ausgegangen am	...... Zahl der Tage
...... 19		...... 19	
Eingegangen am	Polizeiliches Kennzeichen:	Ausgegangen am	
...... 19		...... 19	
		Zusammen	......

Eingegangen am	Polizeiliches Kennzeichen:	Übertrag: Ausgegangen am	Zahl der Tage
...... 19		...... 19	
Eingegangen am	Polizeiliches Kennzeichen:	Ausgegangen am	
...... 19		...... 19	
		Zusammen	......

Muster 18.

Liste

im Bezirke d.. zu ....

ausgegebenen Erlaubniskarten für Kraftfahrzeuge.

eilung A für inländische Kraftfahrzeuge:
a) Krafträder,
b) Kraftwagen.

Abteilung B für ausländische Kraftfahrzeuge:
a) Krafträder,
b) Kraftwagen.

Laufende Nummer	Tag der Eintragung	Des Inhabers der Erlaubniskarte		Des Kraftfahrzeugs				
		Name, Stand, Wohnort	Verhältnis zum Fahrzeug	Herstellungsfirma	Betriebsart	Anzahl der Pferdekräfte	Eigengewicht kg	polizeiliches Kennzeichen
1	2	3	4	5	6	7	8	9
10	*06. 14. Juli*	*Paul Schwenzow, Fabrikbesitzer Unkel a. Rhein*	*Eigentümer*	*Gebr. Daimler, Motoren-Gesellschaft Cannstatt*	*Benzinmotor*	*9 ½*	*326*	*I. Z. 42.*

Das Kennzeichen ist zugeteilt durch	Die Erlaubniskarte ist ausgestellt für die Zeit von bis	**Bemerkungen** (z. B. über Erneuerung der Erlaubniskarte und Löschungen).
10	11	12
Das Bürgermeisteramt zu Unkel	*15. 7. 06 — 14. 7. 07.*	*Erneuert für 15. 7. 07 — 14. 7. 08. s. Nr.*

Register.

(Die Zahlen bedeuten die Seiten).

H.

J.

K.

L.

M.

BESTER
AUTO-
REIFEN
VERITAS
VEREINIGTE
BERLIN-FRANKFURTER
GUMMIWAARENFABRIKEN
GELNHAUSEN bei FRANKFURT a. M.
Schreiber

Auto-

Motor-

Velo-Reifen.

FSC
www.fsc.org
MIX
Papier | Fördert gute Waldnutzung
FSC® C083411

Kolibri 360 GmbH
Ferdinand-Jühlke-Straße 7
99095 Erfurt, Deutschland
produktsicherheit@kolibri360.de